KB053114

듣고 싶은 한마디,
따뜻한 말

상대의 마음을 녹이는 대화법

듣고 싶은 한마디,
따뜻한 말

정유희 지음

보아스

우리는 누구나 관계의 울타리 안에서 살아가고 있다. 가족, 연인, 친구, 동료, 선배, 상사, 고객 등 우리의 삶은 관계로 시작해서 관계로 끝난다고 해도 과언이 아니다. 그래서 우리의 가정적, 사회적 성공은 관계의 성공에서 비롯된다.

치열한 경쟁사회에서 성공의 첫째 조건인 원만한 인간관계는 단순히 스펙과 능력 등 외적인 조건이 좋다고 해서 얻을 수 있는 것이 아니다. 요즘은 "인성이 곧 실력이다"라는 말이 나올 정도로 인성을 중시하는 사회적 분위기가 형성되고 있다. 그간 능력과 경쟁만을 중시해온 결과 능력이 좋은 사람은 넘쳐나도 인성이 좋은 사람을 찾기는 쉽지 않기 때문이다.

하버드 경영대학의 에이미 커디 교수는 동료 심리학자들과 함께 15년 이상에 걸쳐 첫인상에 대한 연구를 했다. 사람들은 몇 초 이내로 사람을 평가하는데, 정확히 무엇을 평가하느냐에 관한 연구였다. 연구결과 한 가지는 "내가 이 사람을 신뢰할 수 있는가?" (Trust)이고, 또 다른 한 가지는 "내가 이 사람을 존중할 수 있는가?'(Respect)로 나타났다. 커디 교수와 그의 동료 심리학자들은 이 두 가지 관점을 각각 '따뜻함(Warmth)' 과 '능숙함(Competence)' 으로 설명했다. 사람들은 다른 사람을 평가할 때 이 두 가지를 중시한다는 의미다.

우리는 일반적으로 직장에서 능력이 가장 중요하다고 믿지만 따뜻함이 사람들을 평가하는 가장 중요한 요소라는 점을 커디 교수는 밝혀냈다. 일단 따뜻함으로 사람들의 신뢰와 인정을 받아야 비로소 능력에 대한 평가가 이루어진다는 것이다. 따뜻함으로 인한 신뢰를 받기 전에 능력만 강조하면 도리어 역효과가 난다. 이것은 지금의 우리 사회를 보면 충분히 이해할 수 있다. 현재 우리 사회의 만성적이고 심각한 사회문제들은 모두 능력과 물질만을 극도로 중시한 결과 인성의 부재가 만연하고 따뜻한 행동과 말이 사라진 결과라 할 수 있다.

이는 인간관계에서도 마찬가지다. 성공적인 인간관계의 키워드는 '사람을 대하는 방식과 대화의 방법' 이다. 자신의 강함을 드러내기 위해 다른 사람을 억압 또는 조종하려고 하거나 불친절한 말로 다른 사람의 감정을 상하게 한다면 관계는 실패하고 만다. 모든 사회 조직이 점점 수평관계로 나아가고 있기에 이제는 더 이상 수직관계에서 통용되던 강압적인 태도와 말은 효력을 잃어가고 있다. 수평관계에서의 부드럽고 따뜻한 태도와 말이 좋은 관계를 만드는 원동력이다. 그래서 따뜻하게 말하고 행동하는 것은 이제 개인의 성공을 이끄는 절대적인 요소가 되고 있다.

예전에 '3일 동안 침묵하기'라는 영성 훈련에 참여한 적이 있다. 3일 동안 옆자리에 앉은 사람과도, 방을 함께 쓰는 사람과도 말을 하지 않았다. 사람들과 식탁에 마주 앉아도, 함께 산책을 해도 말을 하지 않았다. 그러면서 만약 말을 한다면 어떤 말을 할지 생각해 보았다. 아마도 서로 자신을 드러내는 말을 하려고 했을 것이다. 사실 이는 본능적인 생존의 방식이다.

나는 침묵하면서 나를 드러내려는 욕구를 내려놓고 내가 말할 수 있는 가장 중요한 말이 무엇일지 생각했다. 그러자 "사랑합니다"와 "고맙습니다"라는 말이라는 결론에 이르렀다. 그 따뜻한 말이 모든 것을 이길 수 있는 최고의 말이라는 사실을 깨달았다.

따뜻함은 모든 관계에 생명력을 불어넣는다. 뿐만 아니라 가정과 학교, 직장 등 크고 작은 조직에서 리더와 구성원의 따뜻한 말 한마디는 그 조직의 잠재력을 발휘하게 하는 강력한 도구가 된다. 또한 절망의 구렁텅이에 빠진 사람에게 따뜻한 말 한마디는 절망을 빠져나오게 하는 사다리와 같은 역할을 하기도 한다.

경쟁과 냉혹함이 만연한 이 시대에 따뜻한 말은 우리 모두가 꼭 가져야 할 지혜로운 삶의 방식이며, 모든 말을 이기는 최고의 대화법이라 할 수 있다.

듣고 싶은 한 마디
따뜻한 말

제1장

누구나 듣고 싶은 한마디,
따뜻한 말

제2장

관계와 삶의 질을 높이는
따뜻한 말

제3장

마음을 녹이는
대화의 기술

제4장

피하면 결과에 도움이 되는
대화의 기술

제5장
까다로운 상황에서도 따뜻하게
말하는 법

제1장

누구나 듣고 싶은 한마디, 따뜻한 말

따뜻한 말은
관계의 온도를
높인다

인생 최고의 환희의 순간을 맛보고 행복은 이제 시작되리라는 꿈에 한껏 부풀었던 때가 엊그제 같은데 언제부터인지 모르게 가정이 서서히 지옥으로 변해가는 경우가 적지 않다.

"당신이 이 세상에서 제일 멋져!"라던 말은 어느 날부터 "내 눈에 콩깍지가 씌었지!"로 변하고, 함께라면 어떤 고생도 마다하지 않겠다던 말은 "내가 미쳤지 미쳤어. 고생을 사서하고 있어!"로 변해버린다.

서로 간에 따뜻한 마음은 식은 지 이미 오래고, 상대를 향한 말은 비수가 되어 서로에게 상처를 준다.

취업이 되기만 하면 미래를 향한 탄탄대로가 열리고 행복이 시작될 거라고 믿었는데 얼마 지나지 않아 직장이 지옥으로 변해버리는 경우도 적지 않다. 상사가 다른 동료들 앞에서 "아니 이것도 일이라고 한 거야? 이 회사는 어떻게 들어온 거야?"라고 창피를 주는 바람에 기분이 몹시 언짢고 일할 맛이 나지 않는다. 기회가 생긴다면 어떻게든 복수를 하고 싶은 심정이다. 너무 속상해 동기에게 속마음을 털어놓았다. 그런데 그다음 날부터 나를 대하는 상사의 태도가 뭔가 이상하다. 엘리베이터에서 마주쳐서 인사를 했는데 받지를 않고 외면해버린다.

이때부터 회사는 점점 지옥이 되어가고, 아침에 눈을 뜨면 어딘가로 도망쳐버리고 싶은 심정이다.

반면, 떠올렸을 때 마음이 따뜻해지는 사람이 있다. 그 사람을 생각하면 마음이 푸근해지고, 지금의 내 고민을 털어놓아도 될 것 같은 생각이 든다. 멀리 떨어져 있어도 나에게 용기가 필요하고 도움이 필요할 때면 언제든지 나를 지지해주고, 내가 어떤 상황에 처해 있든 늘 나의 편이 되어줄 것 같은 든든함이 느껴진다.

그런 사람의 말을 한번 떠올려 보자. 약속 시간에 늦게 도착해 미안해서 말도 못 하고 있으면 이렇게 말해준다. "오느라고 힘들었지? 기다리는 동안 이 책을 마저 읽을 수 있었어."

또 힘든 일이 있어 고민을 털어놓을 때면 따뜻한 눈빛으로 바라보며 아무 말 없이 이야기를 모두 들어주고, 눈시울이 뜨거워질 때면 함께 눈시울을 적시며 "얼마나 힘들었니!"라고 위로의 말을 건넨다.

그럼, 그 사람은 왜 따뜻하게 느껴지는 것일까? 답은 간단하다. 마음이 따뜻하기 때문에 그 따뜻함이 나에게 전달되는 것이다. 마음을 전달하는 가장 보편적인 방법은 '말'이다. 그 따뜻한 마음이 말을 통해서 나에게 그대로 전달되는 것이다.

따뜻한 사람을 싫어하는 사람은 없기에 '따뜻함'은 관계를 열어 주는 열쇠다. 우리는 관계의 울타리 안에서 살아가고 있다. 가정, 직장, 학교, 그 외의 모든 활동이 관계 속에서 이루어진다. 그런데 관계 속에 따뜻함이 존재하지 않으면 따뜻한 말이 오가지 않고, 따뜻한 말이 오가지 않으면 따뜻한 관계는 기대하기 어렵다. 따뜻한 관계가 없는 곳에서 마음은 결코 머물지 못한다.

그러나 한 가지 방법이 있다. 나의 따뜻한 마음과 따뜻한 말이 차가운 관계를 녹일 수 있다는 것이다. 우선 자신을 한번 되돌아보자.

나의 주변에는 따뜻한 사람들이 많은가, 아니면 차가운 사람들이 많은가?

나는 주변 사람들과 관계가 좋은가, 아니면 원만하지 못한가?

만약 주위에 따뜻한 사람들보다는 차가운 사람들이 더 많고, 주변 사람들과 관계가 원만하지 못하다면 그 이유는 무엇일까?

관계는 일방적인 것이 아니라 상호적인 것이다. 내 주변에 따뜻한 사람들이 많으면 일단 나는 따뜻한 사람일 가능성이 높다. 물론 주변 사람들과의 관계 역시 좋은 편일 것이다. 그렇지 않다면 자신을 되돌아볼 필요가 있다.

따뜻한 사람인지 아닌지를 알아볼 수 있는 간단한 척도가 있다. 자신에 비해서 아래에 위치해 있는 사람에게 어떻게 대하는지를 살펴보자. 자신보다 직위가 높거나 나이가 많은 사람, 자신에게 이익을 줄 수 있는 사람, 잘 보일 필요가 있는 사람에게는 깍듯이 예의를 지키며 대하지만 그 반대의 경우 상대방을 깔보고 무례하게 대하는 사람들이 있다. 이런 사람들은 사람에 대한 기본적인 존중심이 아니라 어떤 조건을 갖고 있는지 판단해 사람을 대하기 때문에 그렇게 행동하는 것이다.

평소 알고 지내던 사람과 식당에 갔는데 그 사람이 식당 종업원에게 명령조로 말하고 함부로 대하면 그 사람에 대해 어떤 생각이 드는가? 그 사람을 다시 보게 될 것이고, 될 수 있으면 그 사람과의 관계를 피하고 싶을 것이다. 자신에 비해서 지위가 낮거나 아랫사람이라도 친절하고 예의 바르게 대하는 사람이 진정으로 따뜻한 사람이라 할 수 있다.

따뜻한 마음은 상대방에 대한 존중심에서 시작된다. 상대를 존중하기 위해서는 상대방 자체와 상대방의 말과 행동, 하는 일을 존중하는 마음을 가져야 한다. 사람은 누구나 존중 받을 자격이 있다. 내가 존중 받고 싶은 만큼 다른 사람들도 마찬가지다. 낮은 보수를 받거나 단순한 업무를 하는 사람은 보잘것없다고 여기는 것은 잘못된 생각이다. 그 사람의 수고가 있기에 우리는 편안함을 누릴 수 있다. 그래서 사람과 그 일을 존중하는 자세를 잃지 말아야 한다. 그러한 자세는 결국 말과 행동으로 표현되게 마련이다.

내가 한동안 생활했던 유럽에서는 사람들이 식당에 들어가면 종업원에게 꼭 "안녕하세요"라고 인사를 한다. 주문할 때는 "음식을 시키고 싶습니다. ○○○을 주시겠어요?"라고 하고, 주문한 음식이 나오면 "고맙습니다"라는 감사의 말을 한다. 식사를 마치고 식당을 나올 때도 "안녕히 계세요"라고 말한다. 결코 명령의 말을 하지 않으며, 명령조로 말하는 사람을 아주 무례한 사람으로 여긴다.

매너에 대해 강의할 때 나는 언제나 상대방에게 존중심을 표현하고 예의를 지킬 것을 강조한다. 예를 들면 고객은 종업원에게, 종업원은 고객에게 따뜻한 마음으로 대한다면 따뜻한 말과 태도는 저절로 나오게 된다.

마음이 따뜻하고, 따뜻하게 표현하는 사람이 되는 첫걸음은 다른 사람을 인정하는 것이다. 상대방이 어떤 말이나 행동을 해도 자신이 그 말이나 행동을 수용할 수 있든 없든 먼저 상대방을 인정하는 것이다. 상대방이 그렇게 행동하고 말하는 데는 그럴 만한 여러 가지 이유가 있다고 인정하자. 태어난 배경이 다르고, 성장 환경이 다르며, 삶의 경험도 다르니 생각도 다를 수밖에 없다.

우리는 '이렇게 하는 것이 맞는데, 저 사람은 왜 저런 걸까?' 라고 생각하며 '저건 틀렸어' 라고 결론 내리는 경우가 많다. 이는 자기중심적인 생각이다. 상대방도 자기중심적으로 생각한다면 상대방 역시 내가 이상하고, 틀렸다고 생각할 것이다. 나와 상대방은 엄연히 모든 면에서 다르며 또한 다를 수밖에 없다는 사실을 받아들이자. 다름을 인정하고 받아들이는 열린 마음이 있어야 다른 사람에 대한 따뜻한 마음도 생겨난다.

오래 전의 일이지만 아직도 따뜻한 온기가 느껴지는 추억이 한 가지 있다.

회식 자리에서 술잔이 돌아가고 있었다. 갈수록 술잔을 단번에 들이키지 않을 수 없는 분위기였다. 평소 술을 잘 마시지 못하는 나는 그날은 동료들을 태우고 직접 운전을 하고 간 날이었다. 각자의 술잔에 술이 따라지고 내 술잔에도 술이 따라졌다. 나는 속으로 갈등했다. '어떻게 하지! 건강이 안 좋아서 약을 먹는다고 할까? 운전 때문이라고 하면 대리운전을 부르라고 할텐데!'

화장실을 다녀오겠다고 하고 잠시 밖에 나갔다 들어왔는데 사람들이 나를 향해 '원샷! 원샷!' 하고 외쳤다. 도저히 그냥 술잔을 놓을 수 있는 상황이 아니었다. 어쩔 수 없이 술잔을 입에 댔는데 순간 놀랐다. 맹물이었기 때문이다. 옆 동료가 나를 보며 미소를 짓고 있었다. 나의 사정을 알고 있던 옆에 앉아 있던 동료가 내가 화장실을 간 사이에 술잔을 물 잔으로 바꾸어 놓았던 것이다.

별로 접촉이 없던 동료여서 지금은 얼굴도 기억나지 않는다. 하지만 나를 인정해주고, 그 상황에서 나를 도와주었던 그 따뜻한 마음은 아직도 내 마음속에 그대로 남아 있다. 중요한 사실은 그 후로 나는 어떤 사람이 곤란한 상황에 처하면 그 동료가 나에게 했던 것처럼 남의 입장을 헤아리고, 도와주려고 노력했다는 점이다.

이처럼 따뜻함은 따뜻함으로 전해지고 또 전염된다.

상대방을 인정하기 위해서는 상대방의 입장에서 한번 생각해 보는 것이 최고의 방법이다. 업무에 서툰 직원이 있다고 하자. "왜 그 일도 못해!"라고 아무리 말해봤자 미숙함이 금방 고쳐질 수는 없다. 나는 이미 여러 해 동안 그 일을 해왔기에 익숙해졌지만 그 직원은 아직 경험이 없어 더 배워야 한다. 아직 배워야 하는 입장이라는 점을 생각하고 그 직원을 도와주자. 도와주되 다른 동료들의 눈에 띄지 않게 도와주고 격려해주자. 그런 따뜻한 마음을 베풀면 그 직원은 분명 노력할 뿐만 아니라 나와 좋은 관계가 형성될 것이다.

이렇듯 다른 사람을 존중하고 인정하는 따뜻하고 긍정적인 마음은 관계 속에서 매우 중요하게 작용한다. 따뜻한 마음을 갖고 있다면 표정과 몸짓에서 그 따뜻함은 뿜어져 나온다.

우리 마음의 모습은 말과 그 외의 표현을 통해서 그대로 들려지고 보이게 된다는 사실을 기억하자.

다른 사람을 존중하고 인정하는
따뜻하고 긍정적인 마음은 관계 속에서
매우 중요하게 작용한다.
따뜻한 마음을 갖고 있다면
표정과 몸짓에서
그 따뜻함이 뿜어져 나온다.
우리 마음의 모습은 말과 그 외의 표현을 통해서
그대로 들려지고 보이게 된다.

KEY
POINT

청산유수보다
따뜻한 말이
이긴다

한 카페의 미팅룸에서 사업 협력을 위한 대화가 진행되고 있었다. 자신이 원하는 방향으로 일을 진행시키기 위해서 자신의 입장을 말하고, 제안을 하면서 조심스럽게 대화를 이어가던 중이었다.

대화가 진행되던 중 카페 종업원이 주문한 차를 가져왔다. 그런데 차를 한 모금 마신 상대 회사의 책임자가 갑자기 얼굴을 찡그리며 뒤돌아가던 종업원을 부르더니 신경질적으로 말했다.

"이봐, 무슨 차가 이렇게 미지근한가! 다시 내와!"

지금까지 조심스럽던 분위기는 갑자기 냉랭해졌다. 상대측 책임자의 행동이어서 누구도 어떤 반응을 보일 생각을 하지 않았다. 그러나 다시 가져온 차를 마시면서 이 미팅의 결과가 내 쪽에서 원하는 결론을 얻는다 해도 과연 상대 회사와 협력하는 것이 옳은지,

그 일이 과연 잘 진행될지 의문이 들기 시작했다. 그것은 나뿐만 아니라 나와 함께 참석한 사람들도 마찬가지인 듯했다. 서로의 눈빛이 그것을 말해주고 있었기 때문이다.

그 자리에서 상대측 책임자가 그런 행동을 보인 이유를 몇 가지 추측해 볼 수 있다. 매우 예민한 상황에서 생각할 시간을 벌기 위해서, 자신의 힘을 보여 상대방을 제압하기 위해서, 그 자리에서 누가 결정권이 있는지 자신의 위치를 확실히 알리기 위해서 등 심리적 요인이 작용했을 수 있다. 그러나 그 사람의 태도는 분명 부정적인 결과를 불러왔다. 우리는 그 사람에 대한 마음의 문이 닫혀버렸고 결론적으로 그 회사와 사업을 진행하지 않기로 결정했다. 사업이란 변수가 많아서 일이 잘 진행되지 않는 상황이 올 수도 있는데, 그럴 경우 그 책임자의 행동으로 미루어 보건대 불리한 일을 당할 수도 있겠다는 생각이 들었기 때문이다.

만약 그 책임자가 가져온 차를 한 모금 마신 뒤 더 따뜻한 차를 원했다면 주변 사람들에게 한번 물어보면 어땠을까?

"차가 괜찮으신지요, 혹시 좀 식지 않았나요?"

이렇게 물어본 다음 주변의 반응을 살핀 후 차를 다시 가져와야 할 정도라면 종업원을 불러서 부드러운 표정으로 이렇게 말하면 어떠했을까?

"차가 식은 것 같으니 따뜻한 차를 다시 부탁합니다."

또는 약간의 유머를 섞어서 이렇게 말하는 것이다.

"오늘 날이 정말 춥기는 한가 봐요. 차가 다 식을 정도니. 따뜻한 차로 좀 바꾸어 줄 수 있을까요?"

그랬다면 분위기도 험악해지지 않고, 우리 측의 신뢰도 얻었을 것이다.

자신이 상대방보다 조금이라도 높은 위치에 있다면 강하게 말해야 한다고 생각하는 사람들이 있다. 이들은 그래야만 상대방을 제압할 수 있고, 모든 상황을 자신에게 유리한 방향으로 이끌어갈 수 있다고 여긴다. 특히 직위가 높거나 나이가 많은 사람 중에 직위가 낮거나 나이가 적은 사람 앞에서는 위압적으로 말해야 한다고 생각하는 사람이 많다. 따뜻하고 부드럽게 말하면 아랫사람을 부리기 힘들고, 자신을 존중하지 않을 거라는 고정관념을 갖고 있기 때문이다.

직위가 높은 사람이 강하게 말하면 직위가 낮은 상대방은 직위의 위압감에 눌려 어쩔 수 없이 그 말을 듣기는 하겠지만 그에 대한 마음은 닫혀버린다. '내가 지금은 어쩔 수 없이 당신 말을 듣지만 어디 두고 보자!'라는 마음이 생긴다. 그래서 강압적인 말투는 눈앞의 일은 어떻게든 해결하겠지만 관계라는 측면에서 보면 오히려 부정적인 결과를 불러온다. 자신에게 명령하고 자신을 억누르는 사람을 좋아하는 사람은 없기 때문이다. 긴 안목으로 보면 함께 하는 일도 성과가 높지 않을 수 있다.

　모든 사회 조직이 점점 수평관계로 나아가고 있기에 이제는 더 이상 수직관계에서 통용되던 강압적인 태도와 말은 효력을 잃어가고 있다. 수평관계에서의 부드럽고 따뜻한 태도와 말이 좋은 관계를 만드는 힘이라는 점은 이미 오래 전부터 증명된 사실이다. 그래서 따뜻하게 말하는 것은 하나의 중요한 대화법이라 할 수 있다.

　이솝 우화의 〈바람과 태양〉 이야기는 누구나 알고 있을 것이다. 나그네의 외투를 벗긴 것은 세찬 바람이 아니었다. 태양의 열기로 인해 나그네는 스스로 외투를 벗었다. 우리는 살아가면서 수많은 관계 속에 놓인다. 그 관계는 상대방의 마음을 열어야 할 때가 대부분이다. 좋은 상황에서는 누구나 마음을 쉽게 열 수 있다. 하지만 자신에게 손해가 되거나, 자신이 원하는 대로 되지 않을 때는 마음이 저절로 닫히게 된다. 세찬 바람에 나그네가 자신의 외투를 여미는 것과 같다.

　이렇게 마음이 닫힐 수밖에 없는 상황에서 마음을 열 수 있는 효과적인 방법은 바로 따뜻함이다. 따뜻한 말을 하고, 따뜻하게 행동하는 것은 마치 나그네에게 따뜻한 빛을 비추어 옷을 벗게 하는 것과 같다.

　따뜻한 말은 억지로 나오는 것이 아니다. 마음이 따뜻할 때 따뜻한 말이 자연스럽게 나오게 된다. 평소 따뜻한 말을 잘 하지 못하는 사람이라 할지라도 따뜻하게 말할 수 있는 방법이 있다. 의도적으로 자꾸 따뜻한 말을 해 보자. 억지로라도 다른 사람에게 "좋아요!", "사랑해요!", "감사해요!"라는 말을 해 보자. 이는 정말 간단한 말이지만 잘 하지 않던 말일 수 있다.

놀라운 사실은 어떤 말을 하면 그 말로 인해서 그 말이 주는 감정을 갖게 된다는 것이다. 차가운 말을 많이 하면 마음이 차가워지고, 따뜻한 말을 많이 하면 마음이 따뜻해지는 논리다. 사람의 내면을 바꾸는 것은 쉽지 않은 일이다. 하지만 의도적으로라도 외적인 표현을 바꾸고, 스스로 조정을 하면 그 외적 표현으로 인해서 사람의 내면이 서서히 바뀌게 된다.

또한 따뜻한 말을 의도적으로 함으로써 마음이 서서히 따뜻해지기 시작하면 따뜻한 말을 자신도 모르게 하게 된다. 게다가 그 따뜻한 말을 듣는 상대방의 태도가 달라지게 된다. 나를 따뜻한 사람으로 느끼게 되고, 점점 나에게 가까이 다가오게 된다. 누군가 나를 따뜻한 사람으로 여기면 그 시선으로 인해서 나는 점점 더 따뜻한 사람으로 발전한다. 사람은 다른 사람들이 나에게 기대하는 모습으로 변화되는 속성이 있다. 의도적인 따뜻함의 시도가 진짜 따뜻한 사람이 되게 하는 결과를 가져온다.

따뜻함에 대한 책을 쓰고 강의를 하다 보면 사람들이 '저 사람은 따뜻한 마음을 갖고 있고, 따뜻한 말을 할 것이다!' 라고 나에게 기대를 갖는다. 그 사실을 잘 알고 있기에 나는 은연중에 내가 주장하고 강조했던 따뜻함을 실제로 행하려고 노력한다. 더불어 나의 주변 사람들이 나의 따뜻함과 배려로 따뜻하게 변화되는 모습을 볼 수 있었다.

현대사회에서 감성능력은 비즈니스 분야는 물론 각 분야에서 중요하면서도 필수적인 능력이 되었다. 사람들은 말을 차갑게 하고 마구 내뱉는 사람과 함께 일하고 싶어 하지 않는다. 그런 사람에 대해서는 비즈니스를 시작하기도 전에 마음의 문을 닫아버린다. 누구나 따뜻하게 말하는 사람과 함께하고 싶어 하는 법이다.

미국 기업의 최고경영자들은 사업 파트너가 식당 종업원을 대하는 모습을 보고서 그 파트너와의 거래 여부를 판단하는 경우가 많다고 한다. 실제로 식사를 하면서 최종면접을 보는 기업도 있다.

〈USA 투데이〉에 실린 기사를 통해서 그러한 사실을 확인할 수 있다.

위트니스 시스템스의 최고경영자인 데이브 굴드는 고급 레스토랑에서 다른 기업의 최고경영자와 식사를 하고 있었는데 웨이터가 상대측 최고경영자의 최고급 양복에 포도주를 쏟는 실수를 했다. 순간 일제히 그 상황에 눈길을 돌렸다. 그러자 상대측 최고경영자는 이렇게 말했다.

"오늘 아침에 바빠서 샤워를 못했는데 그걸 어떻게 알았죠?"

며칠 후, 데이브 굴드는 그 사람과 거래하기로 결정했다.

위와 같은 아찔한 상황이 벌어지면 사람들은 어떤 반응을 보일지 생각해 보자.

그 순간 당황한 나머지 "아휴! 이게 도대체 뭐 하는 겁니까. 이를 어떡할 거예요!"라고 화를 내며 야단을 치는 사람이 많을 것이다. 아니면 공공장소이니 그렇게까지는 아니더라도 얼굴에 매우 불쾌한 표정을 지으며 신경질을 내는 사람들도 있을 것이다.

예상치 못한 힘든 상황에서 그 사람의 반응은 그 사람의 본모습일 가능성이 높다. 설사 그렇지 않다고 해도 그 반응을 접한 사람들은 그렇게 판단한다.

위의 상황에서 웨이터가 비싼 양복에 포도주를 쏟은 일은 이미 일어난 일이다. 그 일을 당한 최고경영자보다 웨이터가 몇 배는 더 당황했을 것이다. 힘든 상황에 처한 사람에게 하는 따뜻한 말 한마디는 천금보다 값지다. 이미 일어난 일에 대해서 화내고, 혼내고, 고칠 점을 말하는 것은 소용이 없다. 서로의 마음만 상할 뿐이다. 사람은 자신의 상처를 건드리면 아파할 뿐만 아니라 자신을 아프게 한 사람을 공격할 마음을 갖게 된다. 이미 돌이킬 수 없는 상황이라면 차라리 상대방을 위로하거나 그냥 바라봐주는 편이 낫다.

위에서 말한 최고경영자의 당황스런 상황을 대처하는 따뜻한 행동과 여유는 그냥 생기는 것이 아니다. 그것은 그 사람 안에 이미 따뜻함이 자리 잡고 있어 저절로 흘러나온 것이다. 그 따뜻함은 최악의 상황도 원만하게 해결해줄 뿐만 아니라, 그로 인해 좋은 관계를 열어준다.

그리고 같은 말이라도 소리를 지르거나 따지면 분위기는 험악해지고 큰 다툼으로 번지게 되는 경우가 많다. 말의 내용과 상관없이 감정부터 상하기 때문이다. 그러나 차분하고 정중하게 말하면 상대방은 일단 귀를 기울이게 된다. 그래서 어떠한 상황에서도 상대에게 정중하고 따뜻하게 말하는 자세가 필요하다.

힘든 상황에서 건네는 따뜻한 말 한마디는 상대에게 위로와 힘을 주고, 자신의 품격을 드러냄으로써 사람들에게 신뢰를 심어준다.

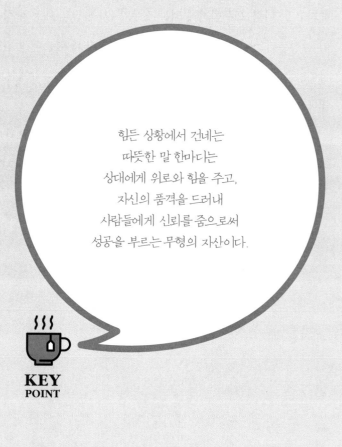

힘든 상황에서 건네는
따뜻한 말 한마디는
상대에게 위로와 힘을 주고,
자신의 품격을 드러내
사람들에게 신뢰를 줌으로써
성공을 부르는 무형의 자산이다.

KEY
POINT

상대의
마음을 녹이는
권유형 표현법

세계인의 존경을 받는 마더 테레사의 모습을 한번 떠올려 보자.

화려해 보이는가? 강해 보이는가? 그렇지 않다. 결코 화려하지도 강해 보이지도 않는다. 그분의 겉모습이 키가 작고 왜소하기는 하지만 그 태도도 지극히 낮고 겸손한 모습이다.

생전에 곁에서 그분을 지켜보았던 레오 신부는 이렇게 말했다.

"수많은 사람이 마더 테레사를 만나지만 그 많은 사람이 각기 그분이 자신을 기억하고 있다고 믿습니다. 그분이 자신에게 향할 때면 비록 잠깐의 악수나 인사말을 나눌지라도 그 짧은 순간 동안 마치 이 세상에 그분과 자신만이 존재하는 것처럼 따뜻한 관심과 정성을 기울여서 대했기 때문이라고 말합니다."

마더 테레사는 외양과 달리 내면에는 그 어떤 것에도 흔들림이 없는 강인함이 자리 잡고 있었다. 불도저와 같은 추진력을 갖고 있어 자신이 꼭 해야겠다고 생각한 일은 밀어붙여서 실현했다. 규율이나 법이 자신이 옳다고 믿는 일을 가로막으면 과감하게 그것을 뚫고나갔다. 그럼에도 사람들은 마더 테레사에 대해서 나쁘게 생각하거나 싫어하지 않았다. 정치적인 적대관계에 있는 사람들도 마찬가지였다. 그 이유는 일을 추진하는 과정에서 언제나 사람에 대한 존중심과 따뜻한 마음을 표현하는 것을 잊지 않았기 때문이다.

마더 테레사는 외유내강의 성품을 가진 대표적 인물이다. 겉은 부드럽지만 속은 더없이 강했다. 그런 사람들은 상대방을 인정하고 존중하는 마음이 깊이 자리 잡고 있어서 사람들에게 관대하고, 따뜻하게 대한다. 그러나 자신에게는 엄격하고 자신의 감정을 잘 절제할 줄 아는 성숙함을 갖추고 있다.

《도덕경》에는 임종을 눈앞에 두었던 스승이 제자인 노자에게 마지막으로 지혜에 대한 가르침을 주었다는 내용이 전해진다. 그 지혜는 다음과 같다.

"부드러움이 단단함을 이긴다. 그것이 세상을 사는 지혜의 전부다."

치열한 경쟁 속에서 살고 있는 우리는 강해야 살아남는다고 생각하고, 강해지기 위해서 노력한다. 자신이 강해지는 것은 물론 자녀들도 강하게 키우려고 한다. 강해야 경쟁사회에서 이기고 살아 남을 수 있다고 생각하기 때문이다. 스스로 약하다고 생각하는 사람은 소리를 높여서라도 강하게 보이려고 한다. 그러나 강해 보이는 것과 진정 강한 것은 엄연히 다르다. 진정 강한 사람은 겉으로 보이는 모습은 한없이 부드럽고 따뜻하다.

따뜻하게 말함으로써 얻을 수 있는 장점은 무수히 많다. 특히 '따뜻함'은 가정과 직장, 그 외의 모든 관계를 부드럽게 만들어준다는 장점이 있다. 차갑고 경직된 관계를 부드럽게 풀어주고 견고하게 해준다. 그런 관계로 인해 자신이 하고자 하는 일에서 더 나은 결과를 얻을 뿐 아니라 관계에서 느낄 수 있는 행복감을 느낄 수 있다.

햄버거는 원래 스테이크의 한 종류였다고 한다. 이동 중에도 편리하게 먹을 수 있도록 스테이크와 야채를 부드러운 빵 사이에 넣어 먹으면서 그 스테이크를 햄버거라고 부르기 시작했다. 햄버거는 스테이크만 먹었을 때보다 부드러운 빵이 어우러져 먹으니 더욱 맛이 있을 뿐 아니라 먹기가 훨씬 좋다.

햄버거는 부드러운 빵을 먹기 위한 것이 아니라 스테이크를 보다 잘 먹기 위한 용도에서 탄생했다. 부드럽고 따뜻한 말을 하는 이유도 이와 마찬가지다. 말하고자 하는 핵심 내용을 더 잘 전달하기 위해서다. 스테이크만 먹을 수도 있지만 딱딱한 고기를 부드러운 빵으로 감싸 먹으면 더 먹기가 좋듯이, 말도 단순히 그 내용만 전달하는 것이 중요한 것이 아니라 부드러운 말로 감싸주면 상대방이 더 좋은 방향으로 받아들이게 된다.

그럼, 어떤 말이 햄버거의 부드러운 빵과 같은 말일까?

서류가 필요해서 서류를 요구해야 하는 상황이라고 하자. "서류를 가져오세요!"라고 자신이 원하는 바를 직접적으로 상대에게 전달했다고 하자. 말의 내용은 바로 전달되지만, 상대는 그 말을 듣고 마음이 상할 수 있다. 명령처럼 들리기 때문이다.

사람은 명령의 말을 들으면 공격적으로 받아들이게 되고, 자신을 방어하려는 심리가 생긴다. 서류를 가져다주기는 하겠지만 말한 사람과 가져다준 사람 사이에는 보이지 않는 벽이 생기게 된다. 그래서 누군가에게 어떤 요구를 할 때는 '권유형'을 쓰는 것이 좋다. 권유형이 바로 부드러운 빵의 역할을 한다. 다음과 같이 말하면 같은 말이지만 듣는 사람 입장에서는 다르게 느껴지게 된다.

"서류를 가져다주실 수 있나요?" "서류를 가져다주시겠어요?" "서류 좀 갖다주겠어요?"

이는 핵심 내용을 전달하면서도 훨씬 부드러운 느낌이 든다. 사람은 명령의 말을 듣게 되면 일단 거부감부터 느끼지만 부탁을 받으면 상대의 요구를 들어주고 싶은 마음을 갖게 된다.

우리가 말을 하는 목적 중의 하나는 상대방을 설득하는 것인데 부드러운 말이 설득력을 한층 끌어올리는 것은 분명한 사실이다.

권유형을 써서 부탁을 할 때 한 단계 더 나아가 '쿠션 표현'까지 곁들이면 좋다. 딱딱한 바닥에 앉아 있으면 얼마 지나지 않아서 엉덩이가 아파온다. 하지만 부드러운 쿠션을 깔고 앉아 있으면 오랜 시간이 지나도 편안하게 앉아 있을 수 있다. 이처럼 말에도 쿠션을 더하는 것이다. 예를 들면 자신이 요구하고자 하는 말 앞에 '미안하지만', '죄송하지만' 등과 같은 말을 덧붙여 보자. "미안하지만, 서류를 좀 가져다주시겠어요?"라고 말하는 것이다.

그러나 말을 마냥 따뜻하고 부드럽게만 하면 장소나 상황에 따라서 상대방에게 얕보일 수도 있다. 따뜻한 말의 중요성을 잘 모르는 사람이라면 당신의 따뜻한 말과 태도를 이용하려는 사람도 있을 것이다. 그래서 표현은 따뜻하게 하되 자신의 견해는 명확하게 밝혀야 한다. 자신이 하고자 하는 말은 흔들림 없이 단호하게 표현을 해야 한다.

하고자 하는 말을 제대로 못하면서 말만 부드럽게 한다면 상대방은 나를 어수룩하게 볼 수 있다. 상대에게 어수룩하다는 인상을 주면 말의 신뢰성과 설득력도 떨어진다. 자신의 의견에 대해서는 스스로 확신을 갖고 정확하게 표현해야 한다. 그러면 부드럽게 표현해도 상대방에게 신뢰를 얻고 설득력을 높일 수 있다.

어떤 상황에서도 부드럽게 말하기 위해서 다음과 같은 연습을 해 보자. 부드러운 말과 태도를 유지하면서 말은 단호하고 무게 있게 해 보는 것이다. 자신의 말이 아주 중요하다고 생각하면서 확신에 찬 자세로, 평소보다 좀 더 또렷하고 천천히 낮은 음성으로 말해 보자. 동시에 얼굴에는 부드러운 미소를 띠고, 자세는 반듯하게 해 보자. 이는 상대방에게 퍽퍽한 스테이크가 아니라 먹기 좋은 햄버거를 제공하는 것과 같다.

만약 상대방이 당신의 견해에 맞서 반대 의견을 낸다고 해도 당신 자신의 견해에 대해서는 흔들림 없는 태도를 유지하자. 순간 저항감이 생기고 즉시 반박을 하고 싶더라도 조금만 참고 상대방의 말을 잘 들어보자. 상대방의 말을 들은 후에는 얼굴을 붉히거나, 흥분하거나, 소리를 높이지 말고 부드러운 말투로 자신의 견해를 다시 한 번 말해 보자. 반대 의견에도 당신이 부드러운 말과 태도를 유지하면 상대방을 설득할 확률이 높아지고, 또 당신의 그런 행동에 사람들은 신뢰감을 갖게 될 것이다.

부드럽고 따뜻하게 말하라는 것이 계속해서 미소를 짓고 말하라는 의미는 아니다. 스테이크의 양면이 부드러운 빵으로 쌓여 있는 것처럼 대화는 미소로 시작해서 미소로 끝맺는 것이 좋지만, 대화가 진행되는 동안에는 내용에 따라 표정을 변화시켜야 한다. 안타까울 때는 안타까운 표정을, 미안할 때는 미안한 표정을 짓는 것이다. 또 포커페이스가 필요할 때는 그런 표정도 지어야 한다.

　다만 어떤 대화가 오가더라도 끝맺음은 부드럽고 따뜻한 말과 태도로 해야 한다는 점을 잊지 말자.

누군가에게 어떤 요구를 할 때는
'권유형'을 쓰는 것이 좋다.
우리가 말을 하는 목적 중의 하나는 상대방을
설득하는 것인데 권유형과 같은 부드러운 말은
설득력을 한층 높이는 역할을 한다.
또 권유형을 써서 부탁을 할 때 한 단계 더 나아가
'쿠션 표현'까지 곁들이면 좋다.
예를 들면 자신이 요구하고자 하는 말 앞에
'미안하지만', '죄송하지만' 등과
같은 말을 덧붙여 보자.
그러면 상대가 듣기에 훨씬
부드러운 느낌이 든다.

KEY
POINT

칭찬보다
더 위로가
되는 말

영국문화협회가 비영어권 102개 국가 4만 명을 대상으로 가장 아름다운 영어 단어가 무엇이라고 생각하는지 설문조사를 했다. 그 결과 'Mother'(엄마 또는 어머니)가 가장 아름다운 영어 단어로 선정되었다. 아마도 한국어나 다른 언어도 같은 결과가 나왔을 것이다.

'엄마' 또는 '어머니' 라는 단어를 머릿속에 떠올리면 어떤 느낌이 드는가?

마음이 따뜻해진다. 심지어 눈물이 나기도 한다. 세계 어느 누구나 따뜻한 단어를 좋아하기는 마찬가지일 것이다.

크리스마스 선물 중에 가장 기억에 남는 선물이 있다. 크리스마스 이브에 한 친구에게서 메시지로 장식된 크리스마스트리를 선물받았는데, 거기에는 이런 말들이 가득 장식되어 있었다.

'힘내, 사랑해, 괜찮아요, 감사합니다, 훌륭해, 보고 싶다, 고마워, 미안해요, 당신 덕분이에요, 잘했어, 축복해요, 네가 최고야, 넌 할 수 있어, 시간 있으면 커피라도 한잔, 우리 같이 밥 먹자, 파이팅, 넌 나의 비타민' 등등.

그것은 내가 받은 크리스마스 선물 중에서 최고의 선물이었다. 격려, 힘, 용기, 위로를 선물 받는 것보다 더 큰 선물이 어디 있겠는가.

위의 단어들을 한번 소리 내어 읽어 보자. 읽으면 읽을수록 마음이 따뜻해지고, 힘과 용기가 솟아날 것이다. 글자는 의미를 담고 있고, 그 의미가 주는 감정들을 담고 있다. 그래서 사람들은 한 단어를 접할 때 그 단어에 담긴 의미를 받아들이는 동시에 그에 대한 감정을 갖게 된다.

'화가 난다' 라는 말을 자세히 들여다보고 몇 번 되뇌어 보자. 그다음에는 '기분이 좋다' 라는 단어를 똑같이 해 보자. 어떤 기분이 드는가? 말에 따라서 감정이 변화됨을 느낄 것이다. 보고 읽는 말에 따라서 화나는 느낌이 들거나 기분이 좋은 느낌이 들 것이다.

이번에는 '화가 난다' 를 '화가 치밀어 오른다' 로 바꾸어서 말해 보자. 또 '기분이 좋다' 를 '기분이 너무너무 좋다' 로 바꾸어서 말해 보자. 감정이 더 강화되는 것을 느낄 수 있을 것이다.

그래서 말의 선택은 매우 중요하다. 말은 감정을 불러일으킬 뿐만 아니라 그 감정에 기인한 행동을 하게 만들기 때문이다. 차가운 말 한마디가 한 사람의 인생을 절망에 빠지게 할 수도 있듯이, 따뜻한 말 한마디는 한 사람의 생명을 살릴 수 있을 정도의 강력한 힘을 지니고 있다. 우리는 누구나 말을 통해 사람을 죽이고 살릴 수 있는 힘을 갖고 있다고 해도 과언이 아니다.

큰 시험을 치른 사람에게 "정말 잘될 거야. 힘내! 애썼어"라고 말해 보자. 시험 결과 때문에 몹시 불안한 심정이겠지만 그 말로 인해서 어쩌면 잘될지도 모른다는 희망을 갖게 될 것이다. 반대로 "떨어지면 어떻게 하니? 그럼 정말 큰일이야!"라고 말해 보자. 실패할지도 모른다는 절망감이 마음에 자리 잡게 될 것이다.

이처럼 말 한마디가 한 사람으로 하여금 천국과 지옥을 오가게 할 수도 있다.

생명의 조건 중에서 가장 중요한 것 중 하나가 빛이다. 빛은 따뜻하다. 따뜻하지 않으면 생명이 싹트고 자라지 않는다. 봄이 되어 따뜻해지면 자연은 여지없이 차가운 땅을 뚫고 생명의 모습을 드러낸다. 사람도 자연과 다르지 않다. 따뜻한 말을 들으면 그 사람 속에 감추어져 있던 잠재력이 실제의 모습으로 드러난다. 차가운 말을 들으면 그 잠재력이 계속 잠자게 된다. 사람이 자라지 못하는 것이다.

그렇다면 사람에게 잠재력을 발휘하게 하는 따뜻한 말은 어떤 말일까?

지지해주고, 이해해주고, 보듬어주고, 용기와 행복을 주는 그런 말은 사람에게 성장의 조건이 되어준다.

그런 종류의 말 중에 먼저 칭찬이 떠오를 수 있다. 하지만 칭찬의 의미를 다시 생각해 보면 칭찬받을 만한 행동을 하지 않으면 칭찬을 하지 않겠다는 것이 된다. 칭찬을 받기 위해서는 어떤 조건이 있어야 하기 때문이다. 예를 들어 동료의 뛰어난 실적에 대해서 "그런 대단한 실적을 내다니 정말 대단해!"라고 칭찬을 하면 좋은 실적을 내지 않으면 칭찬받을 자격이 없다는 의미가 될 수도 있다. 물론 칭찬의 말도 좋지만 더 나아가서 그 사람 자체를 인정해주는 말은 더 따뜻한 말이다.

"함께 일하는 시간 동안 정말 좋았어요." "함께 있어줘서 많은 힘이 되었습니다."

이런 종류의 말은 어떤 결과와 상관없이 그 사람의 존재 자체를 인정하는 말이다. 그 말을 듣는 사람은 결과나 조건에 상관없이 자신을 받아들이고 존중해주는 상대에게서 따뜻함을 느끼게 된다.

상대를 지지해주는 말도 따뜻한 말이다. 힘든 상황에 처한 사람에게 "내가 있잖아요! 힘내세요. 잘될 겁니다"라고 말해 보자. 또 어디에 있든 힘이 되어주겠다는 의미로 "연락하세요. 제가 바로 달려갈게요"라고 말해 보자. 자신에게 자신의 편이 되어주고,

지지해주는 사람이 있다는 것만으로도 그 사람은 큰 위로를 받고 마음이 따뜻해질 것이다. 실제로 사람들은 도움을 받든 그렇지 않든 어려울 때 따뜻한 말로 힘이 되어주었던 사람을 잊지 못하는 법이다.

절망적인 상황에 처한 사람에게 해주는 희망의 말 또한 마음을 따뜻하게 한다. 실적이 좋지 않아서 의기소침한 팀원들에게 "우리 팀은 정말 틀렸어. 도대체 되는 일이 없어!"라고 말하면 아픈 상처에 비수를 꽂는 것과 같다. 그 순간 팀원들의 마음은 싸늘해지고 사기는 저하될 것이고, 분위기는 더욱 험악해질 것이다. 반면 "그동안 모두 애썼어요. 다음에 더 좋은 실적을 내면 되니 우리 다 같이 힘냅시다. 파이팅!"이라고 말한다면 팀원들은 다시 한 번 도전하려는 힘을 얻게 될 것이다.

사람은 결국은 자신을 있는 그대로 표현하게 마련이다. 의도적으로 숨길 수는 있지만 결국에는 나타나게 된다. 차가운 사람은 차가운 말을, 따뜻한 사람은 따뜻한 말을 하게 된다. 사람들은 차가운 사람에게서는 떠나가고, 따뜻한 사람에게는 다가온다. 그래서 따뜻한 말을 하는 것이 중요하다. 그러나 그보다 더 중요한 것은 자기 자신에게 따뜻한 말을 해주는 것이다. 자신이 따뜻해야 다른 사람에게 따뜻할 수 있기 때문이다.

내가 개인적으로 즐겨 읽고, 쓰고, 말하고, 느끼는 따뜻한 단어들이 있다. '건강, 희망, 행복, 기쁨, 승리, 성공, 긍정, 풍요, 축복, 사랑'과 같은 단어들이다. 이 단어들을 접할 때면 이 단어들이 주는 의미와 느낌이 강하게 와서 닿는다. 우리는 살면서 어렵고 힘든 순간들을 수없이 만나게 된다. 그럴 때마다 나는 이 단어들을 소리 내어 되뇐다. 아주 큰 힘이 필요할 때면 조용히 눈을 감고 각 단어들을 생각하면서 그 단어들이 일으키는 느낌을 그대로 받아들인다. 그러면 마치 그 단어와 내가 하나가 된 듯 큰 힘을 얻게 된다.

자기 자신에게 스스로 해주는 자기 암시는 그 누가 해주는 것보다 강력한 힘이 있다. '나는 할 수 없을 거야!'라는 생각이 들 때 "난 할 수 있어! 한 번 해 볼 거야!"라고 말해 보자. 큰 도전 앞에서 '내가 어떻게 할 수 있겠어!'라는 생각이 들 때 "그래, 나니까 할 수 있는 거야!"라고 스스로에게 말해 보자.

우리는 일반적으로 생각을 전달하기 위해서 말로 표현하지만, 말을 하게 되면 생각이 그 말을 따라가게 된다.

말은 감정을 불러일으킬 뿐만 아니라
그 감정에 기인한 행동을 하게 만든다.
차가운 말 한마디가 한 사람의 인생을
절망에 빠지게 할 수도 있듯이,
따뜻한 말 한마디는
한 사람의 생명을 살릴 수 있을 정도의
강력한 힘을 지니고 있다.

KEY
POINT

신뢰감은
말의 진실성을
좌우한다

미국에서 있었던 일이다.

점심을 먹기 위해 단골식당에 간 한 경찰이 자신의 복권에 어떤 번호를 써 넣으면 좋을지 고민하고 있었다. 그는 주문을 받으러 온 종업원에게 어떤 번호를 적으면 좋을지 생각나는 번호를 불러달라고 부탁했다. 종업원은 생각나는 대로 번호를 불러주었고, 경찰은 그 번호를 복권용지에 받아 적으면서 종업원에게 약속을 했다. 만약 복권에 당첨되면 그 절반을 주겠다는 약속이었다.

며칠이 지난 후 놀라운 일이 벌어졌다. 경찰이 복권에 당첨된 것이다. 우리 돈으로 환산하면 약 70억 원이라는 거액이었다. 더욱 놀랄 만한 사실은 경찰이 종업원에게 약속한 대로 당첨금의 절반을 주었다는 것이다. 사람들은 경찰을 바보라고 비웃었다.

하지만 이에 대해 미국의 시사 잡지 〈타임〉의 한 칼럼니스트는 "경찰은 종업원과의 약속을 지켰으며 무엇보다도 소중한 자신이 한 말에 대한 신뢰를 지켰다"고 평했다.

어떤 말을 어떻게 하느냐는 타인과 좋은 관계를 형성하는 데 큰 영향을 미친다. 상황과 장소에 맞는 예의 바른 말과 행동을 하고, 상대방을 인정하는 말을 하며, 힘과 용기를 주는 격려의 말을 하는 것은 좋은 관계 형성을 위한 일차적인 요소들이다. 그러나 관계가 견고해지기 위해서는 한 가지 필요한 것이 있다. 신뢰감이다. 신뢰감이 깊어지면 깊어질수록 관계는 깊이 뿌리를 내려 그 어떤 상황에 처해도 쉽게 흔들리지 않는다.

한 아르바이트 구인구직 포털 사이트에서 아르바이트생들을 대상으로 아르바이트생의 거짓말에 대한 주제로 설문조사를 했다. 응답자의 89.9퍼센트가 갖가지 크고 작은 거짓말을 한 적이 있다고 답했다. 그런데 거짓말을 들킨 경험은 26.7퍼센트였고, 거짓말을 들키지 않은 경험은 73.3퍼센트였다고 한다.

이번에는 거짓말을 들키지 않는 비결에 대해서 물어보았다. 그 결과 응답자의 65.1퍼센트가 평소 성실하고 정직하게 일해서 신뢰감을 쌓아두었다고 답했고, 14.1퍼센트가 평소 항상 미소를 짓는 등 긍정적인 이미지를 심어주었다고 답했다. 신뢰감을 쌓고, 좋은 이미지를 심어주게 되면 사람들은 일반적으로 그 사람이 하는 말의 대부분을 믿게 된다는 사실을 알 수 있다.

그렇다면 신뢰감은 어떻게 형성되는가?

먼저 말과 행동이 일치할 때 그 사람에 대한 신뢰감이 생긴다.
경찰은 복권 당첨금의 반을 주겠다는 약속을 했고, 그 약속을 행동
으로 옮겼다. 사실 지키기 쉽지 않은 약속이지만 자신이 한 말을
지켰다. 상대방에게 지킨 것은 물론 스스로에게도 지킨 것이다. 이
제 그 경찰이 어떤 말을 하거나 약속을 하게 되면 사람들은 그가
그것을 지키리라고 믿을 것이다.

"나는 당신을 정말로 사랑해요", "힘든 일이 있으면 말만 해! 곧
달려갈게!"라고 말하면서 어려운 일이 생겨 부탁을 하는데 외면한
다면 어떤가? "괜찮아! 다시 시작해 봐. 다음에는 잘할 수 있을 거
야. 널 믿어!"라고 말하면서 다른 사람에게 험담을 하고 다니는 사
람은 어떤가?

사람들은 말과 행동이 다른 사람을 믿지 않는다. 자신이 한 말에
대해 책임을 지는 모습을 볼 때 그 사람을 신뢰한다. 그래서 지킬
수 없는 약속이라면 하지 말아야 한다. 또한 순간의 감정에 사로잡
혀서 가벼운 약속을 하지 않도록 조심해야 한다. 별로 대수롭지 않
게 한 말이라도 상대방이 어떻게 받아들이느냐는 신뢰감에 영향을
미친다. 그래서 작은 약속이라도 지키도록 노력해야 한다. 그런 작
은 것들이 모여서 나에 대한 신뢰감이 형성되기 때문이다.

약속시간에 늘 늦게 나타나는 사람이 있었다. 그리고 항상 늦은 것에 대한 이유가 있었다. 처음에는 그럴 수 있다고 이해하고 넘어갔지만 계속 반복되자 무시당한다는 느낌이 들었다. 늘 늦는 사람은 상대방을 존중하지 않는 경우가 많기 때문이다. 결국 그 사람에 대해 전혀 신뢰감이 들지 않았고 있던 신뢰감도 사라져버렸다. 문제는 다른 모든 일에 있어서도 그 사람을 신뢰할 수가 없게 되었다. 이처럼 한번 신뢰감이 깨지면 그 사람이 어떤 말을 하든 결국 믿음이 가지 않는 상태가 된다.

그다음으로 신뢰감은 일관성이 있는 말을 할 때 생기게 된다.

홈쇼핑에서 쇼호스트들이 자신이 현재 광고하는 제품에 대한 현란한 말들을 쏟아내는 것을 자주 접하곤 한다. 한번은 화장품 판매 방송에서 한 쇼호스트가 자신의 피부가 광채가 나는 이유는 1년째 그 크림만 바르기 때문이라고 말하는 것을 보았다. 그런데 며칠 후 다른 크림의 광고를 하면서 또다시 같은 말을 하는 것을 보았다. 상품을 팔기 위한 전략이기는 하지만 신뢰는 전혀 가지 않았다. 그 후로 그 쇼호스트가 제품을 홍보하면 먼저 자신의 제품을 팔기 위해서 하는 말이려니 하는 생각이 들어 더 이상 보지 않게 되었다.

주위를 둘러보면 끊임없이 마음을 바꾸면서 변덕을 부리는 사람도 있고, 다른 사람의 말에 따라 의견을 자주 바꾸는 사람도 있다. 또 상황에 따라서 의견이나 견해를 뒤집거나 돌변해서 남들을 당황하게 만드는 사람도 있다. 직장에서는 윗사람 앞에서 하던 말과 아랫사람 앞에서 하는 말이 다른 사람을 어렵지 않게 보게 된다. 그런 사람들은 당연히 신뢰가 가지 않는다.

물론 일관성을 갖는 데도 조심해야 할 부분이 있다. 급변하는 사회에서 필요할 때는 변화를 받아들이는 유연함과 융통성을 가져야한다. 자신의 중심은 확고히 지키되 변화가 필요한 시점에서 그 변화를 받아들이는 탄력적인 사고를 가져야 한다.

사람은 완벽하지 않기 때문에 옳을 때도 있고, 틀릴 때도 있다. 자신이 옳다고 생각하는 것에 대해서는 신념을 갖고 다른 사람을 설득할 필요가 있다. 하지만 틀렸다고 판단되면 과감하게 시인해야 한다. 자신의 말을 뒤집는 것이 쉬운 일은 아니다. 특히 윗사람이 아랫사람에 대해서는 더욱 그렇다. 그래서 자신이 틀렸다는 것을 알면서도 한번 내뱉은 말이기 때문에 끝까지 굽히지 않거나 못하는 경우가 있다.

그러나 관계는 신뢰를 바탕으로 지속된다는 점을 잊지 말자. 자신이 틀렸다고 판단되고 확인되면 그 즉시 "제가 잘못 생각한 것이었군요", "맞아, 그건 내가 틀렸던 거야", "그 일에 대해 저의 잘못을 인정합니다. 수정하겠습니다"라고 말할 수 있어야 한다. 이는 순간은 창피할 수 있어도 길게 보면 사람들에게 신뢰를 얻는 행동이다.

또한 사람은 자신의 말을 믿어주고, 자신을 신뢰해주는 사람을 좋아하고 신뢰하게 되는 경향이 있다. 누군가 자신을 칭찬하거나 인정해주는 말을 할 때 그 사람이 한 말을 그대로 받아들이고, 그에 대해 감사하는 것이 좋다.

"오늘 얼굴이 참 좋아 보이십니다"라는 칭찬에 대해서 "정말이요? 혹시 얼굴이 살쪘다고 하시는 말은 아닌가요?"라고 한다면 그의 말을 믿지 못한다는 의미가 된다. 그냥 "감사합니다"라고 말하며 기뻐하면 된다.

또 모임을 마치고 나서 "오늘 함께 해주셔서 큰 도움이 되었습니다"라는 인정의 말에 모임에서 자신이 한 실수나 별로 기여하지 못한 데 대해서 장황한 말을 늘어놓는 것은 그 역시 상대방이 한 말을 믿지 못한다는 의미가 된다. 그것보다는 상대방의 말을 그대로 받아들이고 긍정적으로 반응해주는 것이 신뢰감 형성에 도움이 된다.

반면, 다른 사람이 내가 하는 말을 믿지 못할 때 믿어 달라는 말을 반복하면 그 말로 인해서 더욱 신뢰감을 잃게 된다. "이건 정말 사실인데요", "절대 거짓말이 아닌데요", "꼭 믿어주셔야 하는데요"라는 말을 계속 덧붙이면 그럴수록 상대방은 그 말을 신뢰하지 않게 된다. 분명히 믿지 못할 부분이 있기 때문에 믿어 달라는 말을 반복한다고 생각할 뿐이다.

마음은 마음으로 통하게 마련이다. 말을 하면 사람들은 표정, 음성 혹은 느낌 등 여러 가지 방법을 통해서 그 말이 정말로 믿을 만한지 점검을 하게 된다. 그래서 믿을 만한 진실된 마음을 갖는 것이 무엇보다 중요하다. 그 마음은 여러 방법을 통해서 전달되는 데 사람들은 입으로 하는 말 이외에도 보이지 않는 부분들을 통해 그 말을 판단하고 받아들이게 된다. 그래서 아무리 따뜻한 말도 진실한 마음이나 신뢰가 없으면 듣는 사람 입장에서는 따뜻하게 느껴지지 않고 빈말로 들릴 뿐이다.

상황과 장소에 맞는
예의 바른 말과 행동을 하고,
상대방을 인정하는 말을 하며,
힘과 용기를 주는 격려의 말을 하는 것은
좋은 관계 형성을 위한 일차적인 요소들이다.
그러나 관계가 견고해지기 위해서는
한 가지 필요한 것이 있다.
바로 신뢰감이다.

KEY
POINT

상대와의 공감을 형성하는
커뮤니케이션 기술,
페이싱 테크닉

예능 프로그램에서 최고로 손꼽히는 연예인 진행자가 있다. 그는 나오는 출연자에 따라 눈높이를 맞춘다. 시골 할머니를 만나면 시골사람처럼 말하고, 사투리를 쓰는 사람을 만나면 함께 사투리를 쓴다. 말의 수준과 말의 톤만 맞추는 것이 아니라 감정까지도 맞춘다. 슬픈 말을 할 때면 눈가가 촉촉이 젖고, 기쁜 말을 할 때면 뛰면서 기뻐하고, 우스운 말을 할 때면 고개를 젖히며 크게 웃는다. 또한 어린 출연자가 나오거나 휠체어를 탄 사람과 대화할 때면 그 사람의 눈높이에 맞춰서 무릎을 꿇고 대화를 한다.

　예능 프로그램에 나오는 출연자들은 그야말로 각양각색의 사람들이다. 그 진행자는 눈높이를 같게 하는 공감의 방법을 통해서 출연자들이 마음껏 자신의 모습을 보여주도록 편안한 분위기를 만들어낸다. 그 진행자의 식지 않는 인기를 보면 사람들이 어떤 사람을 선호하는지를 알 수 있다.

'공감한다'는 것은 상대방의 말을 모두 수용하고 무조건 옳다고 인정하는 것이 아니다. 상대방과 내가 좀 더 원활한 의사소통이 가능하도록 하나의 연결점을 만드는 것을 말한다. 그 연결점을 통해서 서로에 대한 마음이 더 깊어지게 되고, 그러는 사이에 바람직한 대화의 토대가 만들어지게 된다.

공감은 곧 '관계의 끈'이라 할 수 있다. 관계의 끈은 듣는 사람의 집중력과 관심, 마음을 이끌어내는 역할을 한다.

관계의 끈을 만들기 위해서는 우선 상대방이 알아들을 수 있는 말을 해야 한다. 아무리 중요하고 꼭 필요한 말이라도 상대방이 알아듣지 못한다면 아무런 소용이 없다. 자신만이 알고 있는 전문용어와 외래어를 쏟아낸다면 그것을 알아듣지 못하는 상대방은 당신과 연결할 끈을 찾을 수가 없게 된다. 그래서 관계의 끈을 만들기 위해서는 상대방이 어떤 사람인지 미리 파악해두고 또 상대방의 상태를 배려하는 마음을 갖는 것이 중요하다.

강연을 할 때 청중에 대한 정보가 부족하면 실패할 확률이 높다. 자신이 말할 내용의 중심 줄거리는 지키되 듣는 대상에 맞춰 그들의 흥미를 끌 만한 표현법과 주제로 이야기를 이끌어가야 성공확률이 높아진다. 유명강사로 큰 인기를 얻는 강사들의 강의를 들으면 내용이 특별하다기보다 대중에게 내용을 전달하는 표현력과 전달력이 남다르다.

물론 늘 대상을 정확히 파악할 수는 없다.

강의를 시작한 지 얼마 되지 않아서 지방의 한 고등학교 선생님들을 대상으로 한 특강 의뢰를 받은 적이 있다. 나 나름대로 선생님들을 위한 강의를 열심히 준비했다. 강의 장소인 고등학교에 도착해 강의 진행 담당선생님을 만났다. 그의 말을 듣는 순간 나는 적잖이 당황했다. 기왕에 강사를 초빙했으니 선생님들만 특강을 들을 것이 아니라 사회생활을 준비해야 하는 졸업예정자들도 함께 듣기로 했다는 것이다.

좀 걱정이 되어 이번에는 선생님들을 대상으로 하고, 다음에 졸업예정자들을 대상으로 특강을 하자고 제안을 하려고 하는 순간 담당선생님이 이미 학생들을 다 모아 놓았다는 말을 덧붙였다. 장소도 내가 생각하고 있던 세미나실이 아닌 대강당으로 향했다. 대강당에 들어서면서 나를 맞이하던 또 다른 선생님에게서 더 놀라운 말을 들었다. 교장선생님이 졸업예정자만 들을 것이 아니라 차라리 전교생이 다 참석하라고 이미 교내방송을 했다는 것이다. 30여 명 정도 예상하고 파워포인트를 띄우고 진행하려던 특강 자리에 갑자기 1000명에 육박하는 청중이 모였다.

대강당에 모인 전혀 들을 준비가 안 된 학생들은 마구 떠들어댔고, 선생님들은 학생들 사이를 돌아다니며 조용히 하라고 야단을 치는 상황이었다. 파워포인트를 띄울 수 없어서 나는 마이크를 들고 1000명이 들을 수 있도록 목소리를 한껏 높여 설명했다. 정말 도망칠 수도 없는 진퇴양난의 상황 속에서 90분의 특강이 어떻게 진행되었는지 전혀 기억이 나지 않는다. 분명 기억하고 싶지 않기 때문일 것이다.

만약 자신이 생각하던 강의 대상이 아니라면 빠른 시간 내에 강연의 내용을 청중에게 맞춰야 한다. 그렇지 않으면 실패하고 만다. 청중이 강연 내용을 이해하기 힘들면 집중력이 흐려지게 되어 강연을 제대로 듣지 않는다. 그러면 당연히 청중과의 공감대는 형성되기 어렵다.

또한 자신이 준비한 내용을 처음부터 끝까지 쏟아내기만 하면 듣는 사람은 어느 순간부터 집중하지 못한다. 공감의 연결 끈이 끊어지고 있다는 말이다. 그런 분위기에서 "제 말이 이해가 되시는지요?", "혹시 의문사항이 있으신지요?"와 같은 질문들은 공감의 연결점을 확인하고 다시 이어주는 역할을 한다. 질문을 통해서 청중은 다시금 강연자의 말에 관심을 갖게 된다.

개인적인 대화를 할 때 상대방을 생각하지 않고 자신의 말만 하는 사람들을 어렵지 않게 볼 수 있다. 누구나 이런 사람과의 대화는 유쾌하지 않은 법이다. 상대의 공감을 불러일으키기 위해서는 경청하고 인정해주는 자세가 필요하다.

공감대 형성을 위해서 우선 가져야 할 마음가짐이 있다. 상대방은 나와는 다르다는 사실을 인정하는 것이다. 상대방이 나와 같다고 생각하면 대화가 잘 이루어지지 않는다.

가족 간의 대화를 떠올려 보자. 자식이 자신의 생각대로 따르기를 바라는 부모와 그런 부모에게 절대 공감하지 못하는 자식 간의 관계가 대표적이다. 부모가 강요하면 할수록 자식은 공감하기는커녕 더욱더 멀어지게 된다. 서로의 생각에 큰 차이가 있기 때문이다. 서로 같지 않다는 사실을 인정하면 최소한 그 차이를 이해하고, 맞춰나가려는 노력은 하게 된다.

내적인 공감대가 형성될 수 있는 가장 빠른 방법이 있다. 외적으로 공감대를 형성해주는 것이다. 카페에서 마주 앉아 서로 대화를 나누고 있는 사람들을 한번 관찰해 보자. 서로 공감대가 잘 형성되어 있는 사이라면 자세나 제스처, 표정 등이 비슷할 것이다. 또한 서로 선택한 음료수의 종류가 같은 경우가 많다. 의도적으로 그렇게 하지 않았어도 서로 공감대가 있으므로 자연스럽게 비슷한 행동을 하는 것이다.

어떤 사람과 마주 앉았을 때 상대방이 하는 것을 한번 따라 해보라. 상대방이 커피를 시키면 당신도 커피를 시키고, 상대방이 몸을 편안하게 기대고 앉으면 당신도 그렇게 해 보라. 공감대가 형성된 사람들이 비슷한 행동을 하듯이 거꾸로 비슷한 행동을 하게 되면 공감대가 형성될 수 있다. 이는 상대방과의 관계의 끈을 의도적으로 만드는 가장 쉬운 방법이다.

이러한 방법을 커뮤니케이션에서 '페이싱(pacing)' 테크닉이라고 한다. 서로간의 페이스(pace)를 맞추고 조절하는 것을 '페이싱'이라고 하며, 심리학에서는 '거울효과(mirroring effect)'라고 한다. 공감대가 형성된 좋은 관계를 갖고 있는 사람들은 비슷한 행동을 하게 되며, 마치 거울을 보고 있는 것처럼 같은 행동을 한다고 해서 붙여진 이름이다.

대화를 하기 위해서 상대방과 마주 앉았을 때 상대방이 거울이라고 생각하고, 그 사람의 행동과 말, 분위기를 따라 해 보자. 상대방이 의식하지 않는 범위 내에서 따라 한다면 두 사람 사이에 공감대가 빠르게 형성될 수 있다. 나의 이익을 위해서 상대방을 유도하는 것이 아니라 상대방과 나의 마음을 연결하여 더 나은 관계를 만들어가기 위해서다. 이는 다양한 상황에서 사람과 사람을 연결할 수 있는 좋은 끈이 된다.

페이싱(Pacing)을 제대로 하는 세 가지 방법이 있다.

먼저 상대방의 자세, 손과 몸의 움직임, 표정 등 행동을 따라 하는 것이다. 상대방과 같거나 비슷한 색상, 스타일의 옷을 입어도 같은 효과를 준다. 상대방이 캐주얼한 의상을 주로 입는다면 정장보다는 캐주얼한 복장이 공감대를 더 잘 형성할 수 있다.

분위기(Mood)를 맞추는 것도 하나의 방법이다. 상대방이 말하는 방식에 자신을 맞추는 것이다. 상대방은 높은 톤으로 밝고 명랑하게 말하는데 당신은 낮고 어둡게 말한다면 공감대가 잘 형성되지 않는다. 어색하더라도 평소보다 좀 더 높은 톤으로 밝고 명랑하게 말해 보자. 반대로 상대방이 낮은 톤으로 조용히 말하는 스타일이라면 당신도 그렇게 해 보자.

또한 상대방과 신념이나 가치관이 맞으면 공감대는 금방 형성된다. 종교가 같거나 고향이 같으면 금방 친해지는 것과 같다. 하지만 늘 그런 대상을 만나는 것은 아니다. 상대방과 가치관이 다르다면 관계 형성을 위해서 굳이 그것을 드러낼 필요가 없다. 만나는 동안에는 상대방에게 맞출 수 있는 부분에 대해서 맞춰주는 것이 좋다. 전혀 맞추기 힘들어 보이는 대상도 자세히 살펴보면 조금이라도 공감되는 부분이 있을 것이다. 그 부분을 부각시켜서 대화를 이끌어가는 것이 좋다.

마지막으로 상대방과 말하는 방법(Words)을 맞추는 것이다. 한 사람은 빠른 속도로 말하고, 한 사람은 느리게 말한다면 서로 어긋나는 느낌이 들게 되어 공감대 형성에 방해가 된다. 그럴 때 내가 그 속도에 맞춰주는 것이다. 또 상대방의 어휘를 관심 있게 듣고 그 어휘를 써 보는 것도 하나의 방법이다.

상대방이 나와 다르지 않다고 느끼면 상대에 대한 따뜻한 마음이 생겨난다. 그리고 그 따뜻함이 관계를 맺어주는 역할을 한다.

대화를 하기 위해서
상대방과 마주 앉았을 때
상대방이 거울이라고 생각하고,
그 사람의 행동과 말, 분위기를 따라 해 보자.
상대방이 의식하지 않는 범위 내에서 따라 한다면
두 사람 사이에 공감대가 빠르게 형성될 수 있다.
나의 이익을 위해서 상대방을 유도하는 것이 아니라
상대방과 나의 마음을 연결하여
더 나은 관계를 만들어가기 위해서다.
이는 다양한 상황에서 사람과 사람을
연결할 수 있는 좋은 끈이 된다.

KEY
POINT

단어는
감정을
갖고 있다

다른 가치관을 갖고 살던 두 사람이 있었다. 한 명은 기독교 신앙을 갖고, 자신에게 주어진 인생을 진지하게 생각하는 조너선 에드워즈(1703~1758)라는 사람이었다. 그는 한 번 주어진 삶을 어떻게 살아야 할 것인지에 대해 깊이 고민했고, 자신의 삶이 얼마나 소중한지를 깨닫고 최선을 다해 살아갔다. 그는 수많은 결심들을 했다. 그중 특히 말에 관해서는 절대 남을 비방하거나 비판하지 말 것, 어떤 사실을 말할 때는 반드시 참된 것만을 말할 것, 내가 하는 모든 말이 다른 사람들에게 유익한 것이 되도록 할 것 등이 있었다.

또 다른 한 사람은 무신론자였고, 원칙 없이 되는 대로 살아도 된다는 가치관을 가진 맥스 주크라는 사람이었다. 그는 죽으면 모든 것이 끝나기에 사는 동안 후회 없이 즐기면서 자신이 원하는 대로 살겠다고 생각했고 자신의 소신대로 살았다.

족보를 연구하는 에드워즈 윈십은 동시대에 같은 지역에 살았던 에드워즈와 주크 두 사람의 가문에 대한 책을 썼다. 책에서는 놀라운 결과를 보여주었다.

에드워즈 가문은 1394명의 자손을 두었는데 그중 목사와 선교사와 신학교수 300명, 대학교수 100명, 변호사 102명, 판사 30명, 작가 60명, 의사 56명, 대학총장 14명, 국회의원 3명, 부통령 1명을 배출했다.

주크 가문은 560명의 후손을 두었는데, 그중 거지가 310명, 범죄자가 150명으로 그중에 살인자가 70명, 사형당한 사람이 109명이었다. 후손의 절반 이상이 문맹자로 마약사범, 알코올 중독, 범죄자였다.

이 두 가문은 긍정적인 생각과 말 그리고 부정적인 생각과 말의 결과가 시간이 지남에 따라서 얼마나 큰 영향을 미치게 되는지를 보여주는 사례다. 긍정적인 생각을 하고, 긍정적인 말을 하면 우리는 긍정적인 방향으로 나아가게 된다. 긍정적인 말은 나와 나의 주변과 이후의 세상에 지대한 영향을 끼칠 수 있다.

우리는 의도적으로 긍정적인 말을 할 필요가 있다. 왜냐하면 우리는 부정적인 말을 더 많이 하는 경향이 있기 때문이다. 인간의 감정을 나타내는 단어가 약 3000개 정도인데, 그중 긍정적인 단어는 1000개 정도이고, 부정적인 단어가 2000개 정도가 된다고 한다. 우리는 긍정적인 말보다 부정적인 말을 두 배나 더 하면서 산다고 할 수 있다.

실제로 강의 중에 종이 두 장을 꺼내 한 장에는 긍정적인 단어를, 다른 한 장에는 부정적인 단어를 쓰라고 하면 보통 부정적인 단어가 긍정적인 단어보다 두 배 이상 나오는 것을 볼 수 있다.

이처럼 우리는 무의식적으로 긍정적이기보다 부정적인 감정에 더 기울어져 있다. 그러니 긍정적인 사람이 되기 위해서는 노력을 기울여야 한다.

긍정적인 말은 인간관계에서 긍정적인 작용을 한다는 것은 누구나 잘 알고 있다. 내가 긍정적인 말을 많이 하면 상대방은 자연스레 긍정적으로 변화된다. 누구나 긍정적인 사람을 좋아하고, 그런 사람과 관계를 맺고 싶어 하고, 함께 일하고 싶어 한다.

주위의 지인들에게 "요즘 어떻게 지내세요?"라는 질문을 해 보라. 그리고 그 반응을 살펴보자. 부정적인 사람은 자연스럽게 "죽지 못해 살고 있습니다"라고 부정적으로 대답할 것이다. 하지만 긍정적인 사람은 "잘 지내고 있습니다. 모두가 함께 해 주신 덕분이지요"라고 긍정적인 대답을 할 것이다.

나 자신은 그런 질문을 받을 때 어떤 반응을 보이는지 가만히 생각해 보자. 긍정적인 반응을 보여서 상대방에게 긍정적인 에너지를 불어넣어 보자. 그 긍정적인 에너지는 모든 일에서 더 좋은 결과를 불러올 것이다.

부정적인 말은 함께한 모든 사람의 잠재력을 억누르고, 더 이상 성장을 못하게 한다. "당신은 정말 구제불능이야!", "그것도 몰라? 바보 아냐?", "그렇게밖에 못해?" 등은 한 사람의 자신감을 완전히 짓밟아버리는 부정적인 말이다. 사실 그런 말을 하는 이유는 상대방이 무언가를 더 잘하기를 원해서일 것이다. 그러나 그 결과는 반대가 된다. 그 사람의 사기를 완전히 꺾어놓아 아무것도 하지 못하게 한다.

또 불안감을 조장해서 더 이상 아무것도 시도할 수 없게 만드는 말들도 있다. "이번에 실패하면 넌 정말 끝이야!", "당신 때문에 일이 되지를 않아!", "당신은 여기서 정말 필요 없는 사람이야!" 등은 그 사람 안에 내재된 잠재가능성까지 단칼에 잘라버리는 부정적인 말이다.

또한 "넌 몰라!", "당신이 뭘 안다고 그래!"와 같은 말은 상대방의 창조성을 말살시키는 말이다.

사람의 신체에 해를 가하면 상처는 시간이 지나면서 아물지만 사람의 정신을 상하게 하면 치료하기가 너무나 힘들다. 그런데 그 상처는 보이지 않기 때문에 가해자도 피해자도 그것이 상처인지를 인식하지 못하는 경우가 많다. 하지만 부정적인 말은 사람을 병들게 하고, 상처를 주고, 성장하지 못하게 만들 뿐만 아니라 심지어 생명까지도 앗아가는 흉기가 된다.

그런데 이런 일들이 지금 우리 사회에서 비일비재하게 벌어지고 있다. 갑의 위치에 있는 사람들이 막말을 하고 행패를 부리는 사건들이 하루가 멀다 하고 뉴스를 장식하고 있다. 의식이 변하지 않는 한 그러한 사건들은 우리 사회에서 결코 사라지지 않을지도 모른다.

반면 긍정적인 말은 한 사람의 자아를 굳건하게 세워주고, 잠재력을 계발시키며, 자신감이 생기도록 해준다.

"정말 잘했어요!" "그래, 실수는 누구나 할 수 있어" "다음에는 더 잘 할 수 있을 거야!" "다음에 다시 시도해서 끝까지 잘 해봅시다!"

이런 말들은 들으면 어떠한가? 듣는 순간 위안이 되고, 힘이 불끈 솟구치게 한다.

말은 감정을 담고 있다. 그래서 부정적인 말을 하면 부정적인 감정이 들고, 긍정적인 말을 하면 긍정적인 감정이 든다. 때에 따라서 부정적인 말을 해야 할 때도 있다. 그럴 때 말의 강도를 조절하면 조금은 덜 부정적이게 만들 수 있다. 즉, 부정을 하되 약하게 하는 것이다.

"정말 괴로워 죽겠다"라고 말하고 싶을 때 "좀 힘들다"라고 해 보자. "이제 난 끝장났어!"라고 말하고 싶을 때 "일이 좀 생겼어"라고 해 보자. "화가 나 죽겠어"라고 하고 싶을 때 "마음이 좀 불편하다"라고 말해 보자.

누군가와 대화를 할 때 긍정적인 단어를 중점적으로 사용하면 전체적인 분위기가 긍정적으로 변화된다. "잘 안되면 어쩌죠?"라고 말하는 대신에 "잘 되리라고 믿습니다"라고 말하는 것이다. "마감시간이 3일밖에 남지 않았어요"라고 말하는 대신에 "마감시간이 3일이나 남았네요. 그 안에 빨리 끝냅시다"라고 말하는 것이다. 그러면 서로 긍정적인 결과를 기대하고, 자연스럽게 긍정적인 결과를 이끌어낼 가능성이 높아진다.

긍정적인 말로 상황과 관계를 긍정적인 방향으로 이끌어가는 사람이야말로 따뜻한 말을 하는 따뜻한 사람이다. 내 자신부터 긍정적인 말과 자세로 따뜻한 사람이 된다면 그 따뜻함으로 나의 주변은 따뜻해지게 된다. 그러면 우리는 이 각박하고 메마른 사회를 조금씩 따뜻하게 바꿔나갈 수 있을 것이다.

때에 따라서
부정적인 말을 해야 할 때도 있다.
그럴 때 말의 강도를 조절하면 조금은
덜 부정적이게 만들 수 있다.
즉, 부정을 하되 약하게 하는 것이다.
또 누군가와 대화를 할 때 긍정적인 단어를
중점적으로 사용하면
전체적인 분위기가 긍정적으로 변화된다.
긍정적인 말로 상황과 관계를
긍정적인 방향으로 이끌어가는 사람이야말로
따뜻한 말을 하는 따뜻한 사람이다.

KEY
POINT

제2장

관계와 삶의 질을 높이는
따뜻한 말

상대의 호감을 부르는 대화 주제
vs
상대의 심기를 건드리는 대화 주제

알프스 자락에서 휴가를 보낸 적이 있다. 처음에는 혼자서 알프스의 산속에 들어갈 엄두를 내지 못했다. 전혀 모르는 숲길을 가는 것이 일단 두려웠기 때문이다. 길을 잃어서 무사히 되돌아오지 못하면 어쩌나 걱정만 앞섰다. 그러다 하루는 지도를 구해서 그곳의 지리를 공부하기 시작했다. 길 표시를 하고, 여러 번 머릿속으로 길을 그려보았다. 그리고 지도를 들고 출발했다. 두려움은 있었지만 일단 지도가 알려주는 길로 걸어갔다. 수시로 지도를 살펴보면서 그 길이 옳은지, 그다음에는 어디로 가야 하는지, 다시 돌아올 때는 어떻게 와야 하는지를 확인했다.

그렇게 매번 확인을 했건만 길을 잘못 들어선 경우도 있었다. 한참을 가다가 다시 되돌아가서 제 길을 찾은 적도 있다. 지도로는 알 수 없는 길도 있었다. 그럴 때는 사람을 찾아서 물어보았다. 알프스 속으로 들어가면 갈수록 자신감이 생겼다. 숲을 조금씩 알게 되었기 때문이다. 중간쯤 되자 목적지에 무사히 돌아갈 수 있겠다는 편안함이 생겼고, 그 길을 즐길 수 있게 되었다. 그리고 8시간의 등반 끝에 다시 숙소로 되돌아왔다. 만약 아무런 사전 지식이나 지도가 없이 알프스로 들어갔더라면 분명 얼마 가지 못해 포기했거나, 길을 잃고 큰 위험에 처했을 것이다.

이는 관계에서도 똑같이 적용해 볼 수 있다. 상대방(숲)에 대한 사전 지식(길)을 미리 파악해 놓는다면 상대방을 대하는 방법과 대화를 이끌어가는 방법을 쉽게 찾을 수 있다.

"지피지기 백전불태"라는 말이 있다. 적을 알고, 나를 알면 싸움을 한다고 해도 위태로울 것이 없지만 적을 모르고 싸움을 하게 되면 위험에 빠질 수 있다는 말이다. 상대방을 모르는 상황에서는 일단 섣불리 행동하지 않는 편이 낫다. 그런 상황에서는 실수를 하거나 분위기가 자신에게 불리해질 가능성이 높기 때문이다.

예를 들어 상대방에게 자신이 승진했다는 기쁜 소식을 전했는데, 알고 보니 상대방은 승진은커녕 명예퇴직을 했다고 하자. 차라리 말하지 않고 가만히 있었으면 더 나았을 것이다. 또는 상대방에 대한 정보를 미리 알았더라면 자신의 기쁨을 자제함으로써 상대방의 감정을 헤아려줄 수 있었을 것이다.

따뜻하게 말하는 사람의 기본자세는 '배려'다. 상대방을 배려하기 위해서는 상대방의 상황과 상태를 미리 파악해놓아야 한다. 만약 상대가 명예퇴직한 것을 알았더라면 상대의 기분을 배려해 자신의 승진을 자랑하듯이 말하지 않았을 것이다. 그래서 상대방을 알아야 대화의 주제를 더욱 잘 선택할 수 있다. 일단 함께 나누어서 좋을 주제와 피해야 할 주제만 알아도 대화의 절반은 이미 성공한 것이다. 최소한 실패는 하지 않을 것이다.

설사 상대방의 상황을 안다고 해도 서로간에 그런 대화를 나눌 정도의 관계가 아니라면 그 상황에 대한 대화를 나누지 않는 것이 바람직하다. 이제 막 만난 사람에게 명예퇴직에 대한 대화를 꺼낸다면 상대방은 자신에 대해 필요 이상으로 알고 있다고 생각해 부담스러워할 수 있다. 사람은 스스로 자신의 마음의 문을 열어야 편안해한다. 상대방이 먼저 그 마음의 문을 열려고 하면 일단 경계심이 생겨 마음의 문을 닫아버린다. 그러므로 대화는 서로가 편안하게 여기면서 부담 없는 주제로 시작하는 것이 좋다.

서로 아직 친한 사이가 아니거나 공감하는 내용이 거의 없는 사람들이 만나는 경우라면 서로 편안하고 부담이 없으면서 공감대를 쉽게 형성할 수 있는 주제를 선택하면 좋다. 누구나 일상적으로 접하는 주제가 바로 '날씨'다. "오늘 날씨가 참 좋네요. 오는 길이 참 즐거웠습니다", "오늘 눈이 많이 내리네요. 오는 길은 편안하셨는지요?" 등 날씨를 주제로 이야기를 시작하면 계속적으로 대화가 이어질 수 있다.

만약 상대방이 여행에 관심이 많다는 것을 알고 있다면 "오늘은 날씨가 정말 좋네요. 이런 날에는 문득 여행을 떠나고 싶은 마음이 들어요"라고 말해 보자. 그러면 여행에 관심이 많은 상대방은 자연스럽게 여행이라는 주제로 대화를 이어나갈 것이다. 사람은 자신으로 하여금 말할 주제를 이끌어내주는 사람을 만날 때, 그래서 자신을 더 많이 드러낼 수 있을 때 그 상대에 대해 긍정적인 감정을 품게 된다. 그것을 계기로 자연스럽게 마음의 문이 열리고 좀 더 친밀한 관계로 나아갈 수 있다.

상대방에 대한 사전 지식이 있다면 좀 더 매끄러운 대화를 시작하고 이어나갈 수 있겠지만 알지 못한다면 사람들이 일반적으로 관심을 갖고 있을 만한 주제를 찾으면 된다. 그렇게 하면 서로의 관계의 깊이에 상관없이 자연스럽게 대화를 이어나갈 수 있고, 관계의 첫걸음을 내디딜 수 있다. 이때는 긍정적인 내용이 좋다. 정치색이 짙거나 어둡고 무거운 주제는 첫 만남이나 좋은 이미지를 심어주어야 할 사업미팅과 같은 상황에서는 바람직하지 않다.

한번은 독일과 한국 기업 사이의 비즈니스 미팅에서 통역을 맡은 적이 있다. 미팅이 끝나고 레스토랑에서 식사를 하게 되었다. 양측이 식탁에 마주 앉았다. 아직 경직되고 서먹서먹한 분위기에서 서로의 관계를 진전시켜줄 대화의 주제가 필요했다. 나는 그 당시 진행되고 있던 월드컵에 대해 언급을 했다. 그 순간 긴장되고 어색하던 분위기가 완전히 반전되었다. 누가 먼저라고 할 것도 없이 서로 월드컵의 짜릿한 순간들과 에피소드를 말하느라 분위기가 한껏 고조되었다. 통역도 별로 필요가 없었다. 한국 기업의 한 사람이 자신이 가지고 있던 월드컵 배지를 꺼내어 나누어주자 독일 기업측 사람들은 크게 감동했다. 그 비즈니스 식사 미팅은 월드컵이라는 주제 덕분에 성공적으로 마무리할 수 있었다.

취미나 여행과 같은 주제가 관계의 문을 열 수 있는 좋은 주제이지만 그렇다고 모든 주제가 바람직한 것은 아니다. 아무리 가벼운 주제라고 하더라도 자칫 상대에게 실례가 되는 경우도 있다. 골프를 좋아해서 골프이야기가 나오면 하고 싶은 말이 무궁무진하다고하자. 그러나 모든 사람이 골프에 관심이 있는 것은 아니다. 골프를 사치스러운 스포츠로 여기는 사람도 많다. 또 경제적인 부담으로 인해서 해외여행을 떠나지 못하는 사람도 있다. 그런 사람 앞에서 골프나 해외여행 이야기를 꺼내면 상대방을 배려한 대화 주제라 할 수 없다.

상대방에 대해서 잘 알고 있다고 해도 피하거나 모른 칙해야 하는 주제가 있다. 신체에 대한 주제가 대표적이다. 장애가 있어 휠체어를 타고 있는 상대방에게 "어쩌다가 그렇게 되신 건가요?",

"사고를 당하셨나요?", "많이 힘드시죠?"라고 이야기를 시작하면 오히려 실례가 된다. 이는 좋은 기억을 떠올릴 만한 이야기도 아니고, 상대에게 좋은 감정이 생길 만한 주제도 아니어서 더 이상의 대화를 이어가기 어려울 수 있다.

또한 개인적인 성향에 대한 이야기는 더욱 피해야 할 주제다. 우리나라는 지역감정이 존재하기 때문에 자신이 태어난 지역을 말했을 뿐인데 분위기가 묘해지는 것을 느낀 적이 있을 것이다. 그리고 자신의 정치적인 노선이나 종교에 대해 이야기하면 얼마 지나지 않아 분위기가 험악해지며 격한 토론과 함께 감정싸움으로 번질 수도 있다.

성공적인 대화를 위해서는 상대방에 대한 사전 지식은 물론 그 지식을 어떻게 사용하는지가 매우 중요하다. 어떤 내용이 서로의 마음을 활짝 열어서 좋은 관계를 형성할 것인가를 생각하는 것은 물론, 건드리지 말아야 할 상처, 피해야 할 대화의 소재까지도 파악해야 한다. 이는 가정에서, 학교에서, 사회생활에서 암묵적이지만 반드시 지켜야 할 룰과도 같다. 이를 지킬 때와 안 지킬 때에 따라 관계의 온도는 크게 달라지게 된다.

따뜻하게 말하는 사람의 기본자세는 '배려'다.
상대방을 배려하기 위해서는
상대방의 상황과 상태를 미리 파악해놓아야 한다.
일단 함께 나누어서 좋을 주제와
피해야 할 주제만 알아도
대화의 절반은 이미 성공한 것이다.
최소한 실패는 하지 않을 것이다.

**KEY
POINT**

따뜻한 첫인상은
호감을
불러일으킨다

미국 다트머스 대학교는 FMRI라는 뇌의 특정부위를 촬영하는 최첨단 기기를 이용해서 첫인상에 대한 메커니즘을 연구했다. 우리의 뇌가 낯선 자극을 받았을 때 어떻게 반응하고 활동하는지를 연구하는 것이다. 우리 뇌의 측두엽에 있는 편도체는 첫인상을 관장하는 기관으로 새로운 자극이 들어오면 이미 저장되어 있는 기억을 꺼내서 신속하게 대처하도록 명령을 내린다.

낯선 사람을 보고서 얼마 만에 호감과 비호감이 결정되는지를 알아본 결과 공포스러운 얼굴에는 1000분의 17초, 행복한 얼굴에는 1000분의 183초의 시간이 걸렸다고 한다. 첫인상을 판단하는 시간은 1000분의 17초밖에 걸리지 않는다는 사실을 알 수 있다. 찰나의 순간이란 1000분의 13초를 말하는 것으로, 사람들은 거의 찰나의 순간에 한 사람의 인상을 판단하게 된다는 것이다.

　이전의 많은 연구에서도 첫인상을 느끼는 데 걸리는 시간은 아주 짧다는 사실이 확인되었다. 2006년 미국 프린스턴 대학교 심리학과 알렉산더 토도로프 교수팀은 타인의 얼굴을 보고 매력이나 호감도, 신뢰도, 공격성 등을 판단하는 데 걸리는 시간은 0.1초 미만이라는 연구 결과를 발표한 바 있다. 연구의 방법과 대상, 상황의 차이로 첫인상을 느끼는 데 걸리는 시간에 대한 차이는 있지만 찰나의 시간, 3초, 10초 등 첫인상은 짧은 시간에 이루어진다는 결론이다.

　모 취업 포털 사이트에서 기업의 인사 담당자를 상대로 설문조사를 실시한 결과 기업의 인사 담당자 절반이 면접 시 지원자의 첫인상을 판단하는 데 걸리는 시간은 "2분 이내"라고 답했다. 인사 담당자 중 63.4퍼센트는 첫인상이 스펙보다 중요하다고 답했고, 면접 도중에 지원자의 인상이 바뀐 경우는 14.5퍼센트에 그쳤다고 한다. 이는 토도로프 교수의 연구결과를 뒷받침한다. 사람의 첫인상에서 느껴지는 느낌은 3초 만에 머리에 각인이 되고, 별다른 소통 없이 첫인상을 바꾸는 데 걸리는 시간은 무려 3개월이 걸린다. 3초 만에 결정된 첫인상이 부정적인 경우 이를 뒤집는 데는 200배의 정보량이 필요하다고 한다. 이를 통해 첫인상은 바꾸기가 매우 어렵다는 사실을 알 수 있다.

그렇다면 만약 이미 부정적인 인상을 심어주었다면 어떻게 하면 좋을까?

첫인상을 바꾸기가 쉽지 않다고 해서 그냥 포기하지는 말자. 초두효과(Primacy effect)와 반대 현상으로 빈발효과(Frequency Effect)라는 것이 있다. 첫인상은 나빴다 하더라도 반복해서 보이는 행동이나 태도 등에서 첫인상과는 다른 좋은 모습을 보이게 되면 점차 좋은 인상으로 바뀌게 된다는 것이다. 처음에 생각했던 것과는 달리 만날수록 사람이 좋아 보인다는 것이 바로 이 빈발효과 때문이다.

그러나 빈발효과로 인상이 바뀌는 것은 많은 노력과 시간이 필요하다. 취업을 위해 면접을 보았는데 첫인상으로 인해서 좋은 점수를 받지 못해서 취업이 되지 않았다면 더 이상 돌이킬 수 없는 일이다. 이미 만들어진 인상을 바꾸기는 쉽지 않기 때문에 처음부터 좋은 인상을 준다면 어떤 관계에서든 도움이 된다.

뇌는 특히 새로운 만남이 있을 때 매우 빠른 속도로 활동을 한다. 우선 상대방의 모든 부분을 시각적으로 인식하고, 자신의 기준에 따라서 분류를 한다. 자신의 경험에 비춰보면서 수용할 것과 수용하지 못할 것을 판단하며 받아들이고 또 거부한다. 그런 다음 최종적으로 상대방이 어떤 사람인지에 대한 결정을 하고, 그에 대해서 자신은 어떤 반응을 보여야 할지를 결정한다. 그렇게 해서 그려진 상대방에 대한 전반적인 그림이 '첫인상'이다.

붉은 안경을 쓰면 세상이 붉어 보이고, 푸른 안경을 쓰면 세상이 푸르게 보인다. 이처럼 잠재의식에 심어진 그림은 상대방을 볼 때나 떠올릴 때마다 색안경처럼 작용을 하게 된다. 첫인상이 좋으면 그 사람의 모든 것이 좋아 보인다. 백화점에서 물건을 팔 때 인상이 좋은 직원을 선호하는 것이 이러한 작용 때문이다. 가게에 들어갔을 때 직원의 인상이 좋으면 어쩐지 그곳에서 판매하는 물건에 신뢰가 간다. 또 취업 면접에서 지원자가 인상이 좋으면 어쩐지 일도 잘 할 것처럼 보이는 것이다. 그래서 사회생활에서 첫인상은 매우 중요하다고 할 수 있다.

이처럼 중요한 첫인상을 결정하는 요소들이 있다. 그 요소들로 상대방을 판단하고 결정하게 되는 경향이 있다. 상대방이 지금 만남을 소중하게 생각하는지, 나를 존중하고 있는지, 나와 어떤 관계를 원하는지 등을 즉각적으로 파악하게 되는 것이다. 그 요소들이 만남의 과정과 결과를 결정하는 중요한 사항이 된다.

먼저 상황과 장소, 시간에 맞는 의상 상태를 갖추는 것이 첫인상을 결정짓는 첫 번째 요소라 할 수 있다. 의상은 내가 하려는 말보다 더 빠르고 강력하게 소리 없는 말을 쏟아낸다. 상황에 맞는 의상은 상대방에 대한 예의이고, 환영의 표현이며, 만남에 대한 기대의 표시이기도 하다. 만약 어떤 기업의 면접의상이 깔끔한 정장을 차려입는 것이 통상적이라면 정장을 입어야 한다. 자신의 실력에 자신이 있어서 청바지에 운동화를 신고 그 기업에 면접을 보러 간다면 실력을 발휘해 볼 기회조차 얻기 힘들지도 모른다.

상대방을 맞이하는 표정과 자세도 의상만큼 첫인상을 결정하는 중요한 요소다. 무표정한 것도 곧 표정이기에 많은 것을 표현해준다. '당신과 별로 상관하고 싶지 않습니다', '당신이 별로 맘에 들지 않네요' '당신과 함께 하고 싶은 마음이 없어요' 등을 말없이 표시하는 것과 다름없다. 상대에게 환한 미소를 띠는 것도 많은 것을 표현해준다. '당신을 환영합니다', '당신이 좋아요', '당신과 함께 하고 싶어요' 등을 말없이 알리는 것이다.

미소나 부드러운 표정을 띠는 사람에게 사람들이 좋은 인상을 갖는 것은 당연하다.

의자에 앉아 있을 때 의자 뒤에 몸을 기대고 있는지, 의자 끝에 몸을 곧추세우고 있는지, 팔과 다리를 꼬고 있는지 등의 행동 하나하나가 자신의 마음에 대한 많은 말을 해준다. '난 이 자리가 싫어요', '너무 긴장되고 떨려요', '당신을 거부합니다' 등의 표현이라 할 수 있다.

상대방을 향해 약간 몸을 기울이고 있는지, 의자에 편하게 앉아서 자연스러운 자세를 취하고 있는지, 팔과 다리를 반듯이 하고 있는지도 많은 말을 해준다. '이 자리가 참 중요해요', '이 자리가 편안하고 당신이 좋아요', '좋은 결과를 원합니다' 등을 말해준다.

이러한 작은 행동들은 상대방에게 당신을 판단할 수 있는 수많은 단초를 제공하게 된다.

의상이나 표정, 자세와 제스처 등이 일단 첫인상에 중요한 것은 당연하다. 거기서 한 단계 더 나아가서 좋은 첫인상을 줄 수 있는 방법이 한 가지 있다. 상대방을 향해서 한 걸음 다가서는 것이다.

평소 약속장소에서 상대방이 당신을 향해 다가오는 모습을 보면 어떻게 행동하는가? 그 사람이 눈에 보이기 시작하면 자리에서 일어나서 환한 미소를 띠고 정중하게 인사를 하며 맞이해 보자. 그리고 상황이 허락한다면 그 사람이 다가오고 있는 쪽으로 한 걸음 다가서서 인사를 해 보자.

상대방을 향한 환영의 표현이 첫인상을 결정짓는 데 중요하게 작용한다. 사람은 물리적으로 거리가 가까워지게 되면 심리적으로도 가까워지게 된다. 당신이 먼저 한 걸음 다가가면 상대방도 한 걸음 다가오게 된다. 심리적으로 더 가까워지기 때문이다. 그러면 자연스럽게 서로의 관계는 가까워지게 되는 것이다. 단 상대방이 누구인지, 어떤 상황인지, 장소가 어디인지 파악하고 거기에 따라 행동해야 한다.

엘리베이터나 회사 복도를 걸으면서 아는 사람을 만났다면 당신이 먼저 다가가서 인사를 하는 것이 좋은 인상을 심어주는 방법이다. 모르는 사람이라고 해도 같은 공간에서 일하는 사람이라면 약간의 미소를 띠거나 가볍게 목례를 한다면 좋은 인상을 주게 된다. 특히 환경미화원과 같이 나와 업무적으로 상관이 없는 서비스를 하는 사람에게 "수고하십니다"라는 말을 건네거나 가볍게 인사를 한다면 상대방에게 좋은 인상을 주는 것은 물론 그런 당신의 따뜻한 태도는 분명 다른 사람들에게 좋은 인상을 심어주게 될 것이다.

우리의 삶은 그 자체가 관계의 그물이라 할 수 있다. 관계가 없으면 우리도 존재하지 않는다. 따뜻하면 사람들을 연결하고, 차가우면 사람들을 끊어놓게 된다. 따뜻함은 사람의 마음을 끌어당기기 때문에 당신이 따뜻할 때 사람들이 당신을 향해 다가오게 될 것이다. 따뜻한 첫인상이 바로 그 시작이다.

첫인상을 결정하는 요소들이 있다.
먼저 상황과 장소, 시간에 맞는
의상 상태를 갖추는 것이 첫인상을 결정짓는
첫 번째 요소라 할 수 있다.
상대방을 맞이하는 표정과 자세도
의상만큼 첫인상을 결정하는 중요한 요소다.
또한 상대방을 향한 환영의 표현이
첫인상을 결정짓는 데
중요하게 작용한다.

KEY
POINT

미소는 상대의 경계심을
무장 해제하는
필살기

미국의 캔자스 대학교 타라 크라프드 교수팀은 동일한 스트레스 환경에서 웃는 표정과 무표정이 스트레스 지수와 어떤 상관관계가 있는지에 대한 조사를 진행했다. 조사 대상인 대학생 169명을 3개의 그룹으로 나누어 진행했다. 무표정 그룹, 입가에만 미소를 띤 그룹, 얼굴 전체에 미소를 띤 그룹으로 나누었다. 실제로 웃는 것이 아니라 젓가락 등을 이용해서 의도적으로 웃는 표정을 만들어서 조사를 했다. 그 결과 무표정한 그룹보다 다른 두 그룹의 스트레스 지수가 낮게 나타났다.

실제로 미소를 띠거나 웃는 것이 아닌 인위적으로 표정을 만들었음에도 스트레스 지수가 낮게 나타났다면 의도적으로 그 같은 표정을 짓게 되면 스트레스 지수가 더 낮아질 것이다. 만약 진심에서 우러나는 미소와 웃음을 지었다면 더욱 지수가 낮았을 것임이 분명하다.

우리가 미소를 지으면 얼굴의 근육들이 움직이면서 뇌에 어떤 신호를 보내게 된다. 뇌는 실제로 즐거운지 아닌지를 판단하지 못한다. 미소를 통해 즐거운 일이 생겼다고 받아들이는 것이다. 그리고 엔도르핀을 분비한다. 신경호르몬인 엔도르핀은 기분을 좋게 할 뿐만 아니라 통증을 감소시킬 때 진통제로 사용되는 모르핀보다 3배 이상의 효과가 있다고 한다. 웃음이 병을 치료한다는 말은 과학적으로 증명된 사실이다.

미소는 무미건조하고 팍팍한 삶의 냉기를 데우는 따뜻한 열기다.
힘든 상황에서 우리는 무표정하거나 어두운 표정을 짓게 된다. 그러나 입가에 미소를 띠고, 얼굴 전체로 미소가 전해지게 해 보자. 그리고 그 긍정적인 기운이 점점 가슴으로 퍼져나가게 해 보자. 험난한 세상을 이기는 힘은 바로 이러한 것이다.

또한 따뜻한 미소를 타인에게로 향해 보자. 이는 관계의 온도를 데우는 열기가 된다.

사람은 누군가를 처음 만나면 일단 생존본능이 발동하게 된다. 혹시 닥칠 수 있는 위험상황에서 스스로를 보호하고자 하는 것이다. 먼저 상대가 어떤 사람인지 살피고 그에 따라 어떤 태도를 취할지 결정한다. 보기에 상대가 나에게 적이 아니라 아군이라고 느껐을 때에야 비로소 마음을 열게 된다. 그렇다면 첫 만남에서 어떻게 해야 상대가 당신을 아군이라고 느낄까? 간단하다. 미소를 지으면 경계심이 풀리게 된다.

우리는 사회생활을 하면서 새로운 사람을 수없이 만나게 된다. 처음 만나는 사람이 나를 향해 따뜻한 미소를 지으면 어떤 느낌이 드는가? 그 순간 불편함이나 긴장감이 풀리는 경험을 해 보았을 것이다. 이는 상대방도 마찬가지다. 상대를 향해 밝은 미소를 띠면 긴장한 표정이나 무표정한 모습을 보일 때보다 서로 편안한 분위기에서 대화가 이어지게 된다.

'어떻게 하면 친절하지 않다고 느끼는가?' 라는 설문을 조사한 내용이 있다. 그에 대한 대답으로 무표정할 때, 느리게 반응할 때, 시선을 맞추지 않을 때, 퉁명스럽게 말할 때, 인사하지 않을 때, 자세와 용모가 불량할 때, 한마디로 잘라서 말할 때 등이 있었다. 모두 불친절한 행동에 해당한다. 그러나 미소를 지으면 태도가 바뀔 수밖에 없다. 미소를 지으며 시선을 다른 데로 돌릴 리 없고, 미소를 지으며 퉁명스럽게 말할 수 없으며, 미소를 지으며 한마디로 잘라 말할 수 없는 법이다.

고객 응대법에서 좋은 분위기를 만들기 위한 친절한 태도를 '6S' 라고 한다. Stand(사람이 다가오면 자리에서 일어서라), See(사람을 향해 선한 눈길로 바라보라), Smile(사람을 향해 환한 미소를 지어라), Speed(필요한 것을 신속하게 해결하라), Sincerity(사람에게 성의를 다해서 대하라), Satisfaction(사람을 만족시켜라)이 그 내용이다. 따뜻한 눈길과 환한 미소가 상대의 마음을 열게 하는 데 매우 중요하다는 사실을 알 수 있다.

백화점에 가서 아이쇼핑을 하다가 계획에 없던 물건을 사서 돌아오는 경우가 있다. 어떤 물건에 대한 종업원의 설명을 듣거나 안내를 받으면서 어쩐지 그 물건을 사고 싶은 마음이 들어 구매를 하는 것이다. 종업원이 환한 미소를 띠고 열정적으로 제품에 대한 설명을 해줄 때가 그렇다. 아무리 사고 싶은 물건이 있다고 해도 무표정하거나 무뚝뚝하게 대하는 종업원에게서는 그 물건을 사고 싶은 마음이 생기지 않는다.

얼굴은 관계의 창구라고 할 수 있다. 지금 가만히 눈을 감고 누군가를 떠올려 보라. 손이나 귀와 같은 곳이 떠오르지 않고 바로 얼굴이 떠오를 것이다. 얼굴은 한 사람을 대표하는 부분이기 때문이다. 그래서 우리는 어떤 사람의 얼굴을 보고 그 사람을 판단하게 된다. 얼굴은 한 사람의 세세한 감정까지 표현되는 부분으로 사람과 사람이 서로 소통하는 창구다. 사람의 보이지 않는 감정과 심리, 정서 등 모든 것이 얼굴을 통해 표현된다.

얼굴의 근육은 80여 개에 달한다고 한다. 그중에 좋은 인상을 만드는 데 필요한 근육은 20여 개이고, 나쁜 인상을 만드는 데 필요한 근육은 그 두 배가 넘는다고 한다. 주목할 점은 나쁜 표정은 만들 수 있는 근육이 많기 때문에 자연스럽게 만들어지지만, 좋은 표정은 만들 수 있는 근육이 적어서 그만큼 의식적인 노력을 기울여야 만들어진다는 것이다. 한마디로 나쁜 인상은 쉽게 만들어지는 반면 좋은 인상은 힘들게 얼굴 근육을 움직여야 만들어진다는 것이다.

하지만 자연스럽게 좋은 인상을 만들 수 있는 방법이 있다. 근육 운동을 하는 것이다. 우리는 육체의 건강을 위해 운동으로 몸을 단련한다. 팔과 다리의 근육은 저절로 생겨나지 않는다. 올바른 운동 방법으로 힘겨운 훈련 과정을 거쳐야 한다. 하지만 그 과정을 거치면 불필요한 지방이 사라지고 탄탄하고 건강한 근육을 갖게 된다.

혼자서 길거리를 지나가는 사람이나 지하철에 앉아 있는 사람들의 표정을 살펴본 적이 있는가? 대부분이 무표정할 뿐 아니라 기분 좋은 표정보다는 지치고 기분 나쁜 표정을 짓고 있는 사람이 훨씬 많은 것을 볼 수 있을 것이다. 하지만 그중에서 가만히 있어도 편안하고 좋은 인상을 풍기는 사람이 있다. 자연스럽게 약간의 미소를 머금고 있는 사람이다. 그런 사람들은 얼굴의 근육이 이완되어 있고, 평소의 습관적인 표정으로 인해서 미소가 자연스럽게 만들어진 경우가 많다. 또는 직업적인 필요나 개인적인 소신에 따라 훈련이 되어 있는 경우도 있다.

신체의 근육을 위해서 훈련을 하듯이 얼굴의 표정도 근육 훈련이 필요하다. 얼굴이 저절로 부정적인 표정으로 향하지 않도록 근육 훈련을 해 보자. 근육을 많이 움직여 이완을 시키는 것이다. 먼저 눈썹을 올렸다 내렸다 해 보자. 또 눈을 크게 떴다가 감아 보자. 눈동자를 상하좌우로 돌려 보자. 입에 공기를 많이 넣었다가 빼 보자. 입 속의 공기를 상하좌우로 움직여 보자. 얼굴 근육을 크게 늘여 보고 또 작게도 해 보자. 입꼬리가 귀에 걸리도록 입을 위로 올려 보자. 뺨 근육을 위로 힘껏 올려보자. 나무젓가락을 치아 사이에 끼우고 젓가락이 입술에 닿지 않도록 해 보자.

얼굴 근육이 한결 부드러워지고 이완될 것이다. 이렇게 얼굴 근육운동을 하면 먼저 얼굴 피부의 근육이 건강해진다. 그리고 부드럽게 이완된 근육으로 지어진 표정은 한결 부드러운 표정이 된다. 이완되지 않은 경직된 얼굴 근육으로 만들어진 무표정과 이완된 부드러운 얼굴 근육으로 만들어진 무표정은 그 인상이 다르다.

이완되어 부드러운 얼굴 근육은 미소를 짓기 수월해지고, 얼굴 표정이 따뜻한 미소 띤 얼굴로 자연스럽게 바뀌게 될 것이다. 미소 띤 따뜻한 얼굴 표정은 우리 삶과 관계에 분명 긍정적인 영향을 미치게 될 것이다.

'어떻게 하면
친절하지 않다고 느끼는가?' 라는
설문을 조사한 내용이 있다.
그에 대한 대답으로 무표정할 때, 느리게 반응할 때,
시선을 맞추지 않을 때, 퉁명스럽게 말할 때,
인사하지 않을 때, 자세와 용모가 불량할 때,
한마디로 잘라서 말할 때 등이 있었다.
모두 불친절한 행동에 해당한다.
그러나 미소를 지으면 태도가 바뀔 수밖에 없다.
미소를 지으며 시선을 다른 데로 돌릴 리 없고,
미소를 지으며 퉁명스럽게 말할 수 없으며,
미소를 지으며 한마디로 잘라
말할 수 없는 법이다.

KEY
POINT

상대의 사소한 변화를
말해주는 관심이
큰 감동을 끌어낸다

만나는 순간 첫눈에 사랑에 빠진 남녀가 맨 처음 보이는 반응이 있다. 상대방이 누구인지를 알고 싶어 한다. 이름이 무엇인지, 몇 살인지, 어디에 사는지 등 상대방의 모든 것에 대해 관심을 갖게 된다. 관심이란 사전적 의미로 '어떤 것에 마음이 끌려 주의를 기울임'이다. 무언가에 끌려서 주의를 기울인다는 것은 바로 그것에 대한 사랑이다.

남편과 아내는 서로에게 관심을 받고 싶어 한다. 부모와 자녀 또한 서로의 관심을 원한다. 기업은 소비자의 관심을 받고 싶어 하고, 판매자는 구매자의 관심을 받고 싶어 한다.

관심은 사랑이다. 그런데 만약 그 관심을 주고받는 균형이 깨지게 되면 관계도 무너지기 시작한다. 나는 상대방에 대해 지속적으로 관심을 갖는데 상대방은 나에 대해 관심이 없다면 관계가 지속되기 어렵다.

오랜만에 동창을 만난 적이 있다. 학교 다닐 때의 추억을 떠올리면서 반갑고 설레는 기분으로 만났는데 동창은 그동안 얼마나 성공했는지, 자녀들은 얼마나 좋은 대학에 갔는지, 얼마나 좋은 동네에 사는지 등 자신의 이야기만 쏟아놓기 시작했다. 내가 입을 열틈을 주지 않았다. 어느 순간부터 동창이 하는 말이 귀에 들어오지 않았다.

동창은 나에 대해 전혀 관심이 없었고, 오로지 자신에게만 관심이 있었다. 그 사실을 깨닫자 나도 상대방에 대한 관심이 사라져 더 이상 그녀의 말을 들을 마음이 생기지 않았다.

또 한번은 투자에 대한 상담을 받은 적이 있다. 투자자문가는 만나자마자 업무와 실적 등 자신에 대한 자랑을 늘어놓았다. 나는 상담을 받으러 갈 때 나에 대한 정보를 많이 주어야 상담이 잘 이루어질 것이라 생각해 어떤 정보를 줄까 고민하면서 갔다. 그런데 그는 나에 대한 정보는 별로 관심이 없는 듯했고, 한 상품에 대한 설명만 계속하면서 나를 설득하려고 애썼다. 결국 그 사람에 대한 거부감이 들기 시작하면서 마음속으로 빨리 상담이 끝나기만을 기다렸다.

사람과 사람 사이에는 보이지 않는 벽이 존재한다. 그것의 두께는 관계의 정도에 따라 차이가 있다. 서로 모르는 사이라면 그 벽은 상당히 두꺼울 것이다. 그 벽이 허물어지지 않으면 관계가 형성되지 않는다. 그 벽을 허물 수 있는 방법은 바로 상대방에 대한 관심이다. 그리고 그 관심을 적절히 표현하는 것이다.

위에서 말한 동창이나 투자자문가처럼 자기 자신 또는 이익에만 관심이 있고 상대방에게는 관심이 없다면 결코 상대방의 두꺼운 마음의 벽을 허물지 못한다. 그 벽이 더 두꺼워질 뿐이다. 사람들은 나에게 관심을 보이는 사람에게 마음의 벽을 허물게 마련이다. 그렇기 때문에 무엇보다 먼저 내가 상대방에게 관심을 보여야 한다.

지금은 독일 수녀원에 들어간 친구가 있다. 1년이나 2년에 한 번 그 친구를 만날 때면 나는 말을 많이 하는 사람이 아님에도 함께 공원 산책을 하거나 식사를 하면서 끊임없이 이야기를 하게 된다. 만나지 못한 사이의 나의 근황과 감정의 흐름까지 전부 이야기하게 된다. 나는 그 친구를 만나는 날이 가까워지면 빨리 만나고 싶어서 가슴까지 설렌다. 그 친구를 만나면 마음이 너무 편안하고 자연스럽게 속에 품고 있는 생각들을 모두 말할 수 있기 때문이다.

그 이유를 생각해 보면 그 친구는 나에게 따뜻한 관심을 보이기 때문이다. 만나면 언제나 그동안 내가 무엇을 했는지, 어떻게 지냈는지, 마음 상태가 어떤지 등 먼저 물어봐주고 나의 말에 귀를 기울이며 반응해준다. 그리고 중요한 점은 그 관심에서 진심과 따뜻함이 느껴진다.

　사람을 만날 때 나의 근황을 말하느라 분주히 말하는 대신 "그동안 별일 없이 잘 지내셨어요?"라고 상대방의 근황을 먼저 물어보자. 상대방에게 관심의 질문을 하고 또 그것을 잘 들어보자. 사소한 것이라 하더라도 상대방이 하는 말에 관심을 가지며 들어 보자. 그 행위는 사랑의 표현이고, 이때 상대방은 마음을 열고 나와의 만남을 즐기게 될 것이다.

　또한 사람들은 나를 기억하고, 나의 일을 기억하며 관심을 지속시키는 사람에게 따뜻함을 느끼게 된다. 사람을 만날 때 지난번 만났을 때의 기억을 떠올려 보자. 그리고 그것에 대해 상대방에게 말해 보자. "지난번에 여행 가신다고 하셨는데, 잘 다녀오셨어요?" "지난번에 감기로 고생하시는 것 같았는데, 건강은 어떠세요?" 이처럼 자신에 대해 기억하고 관심을 가져주는 사람에게 마음이 끌리지 않는 사람은 없을 것이다.

　상대방을 기억하는 것에서 한 걸음 더 나아가는 단계가 있다. 상대방에 관련된 어떤 변화를 알아채는 것을 표현하는 것이다. 기억하는 행동이 상대에게 만족감을 준다면 변화를 알아채는 행동은 상대에게 감동을 선사한다. "헤어스타일이 달라지셨네요. 그때도 참 좋았는데, 지금 스타일도 정말 잘 어울리시네요"라고 말하는 것이다. 만남의 목적과 별 상관이 없는 사소한 것이지만 그것을 기억하는 행동은 상대에 대한 관심이기 때문에 상대는 분명 기분이 좋을 것이다.

물론 변화의 내용도 중요하다. 상대방이 알아서 좋은 변화도 있고, 상대방이 알아주었으면 하는 변화도 있으며, 알지 말았으면 하는 변화도 있다. 부정적인 변화라면 말하지 말아야 한다. "지난번보다 얼굴빛이 안 좋으신데 무슨 일이 있으세요?", "그동안 살이 좀 찌셨는데요"와 같은 말을 듣고 기분이 좋을 사람은 없을 것이다. 관심을 표현하더라도 상대방의 부정적인 면이 아닌 긍정적인 면을 부각시키는 것이 좋다.

정신분석학자인 에리히 프롬은 상대방의 생명과 성장에 대한 지속적인 관심이 바로 사랑이라고 했다. 누군가 자신의 생명과 성장에 대해 관심을 갖고 있다는 사실을 느끼는 사람은 나날이 성장하게 된다. 어쩌면 그런 관심을 느끼면서 살아가는 사람이 가장 행복한 사람일 것이다. 부모는 자녀에 대해 관심이 지대하다. 하지만 부모도 온전한 사랑과 그 표현에 부족할 수 있어서 자녀의 올바른 성장에 도움을 주지 못하는 경우가 있다.

우리는 살면서 많은 사람을 만나고, 그중에 어떤 사람들은 지속적인 만남을 갖게 되고 내게 큰 의미를 갖게 된다. 그 만남을 지속시키고 발전시키는 것은 바로 관심이다.

상대방을 기억하는 것에서
한 걸음 더 나아가는 단계가 있다.
상대방에 관련된 어떤 변화를
알아채는 것을 표현하는 것이다.
기억하는 행동이 상대에게 만족감을 준다면
변화를 알아채는 행동은 상대에게 감동을 선사한다.
"헤어스타일이 달라지셨네요. 그때도 참 좋았는데,
지금 스타일도 정말 잘 어울리시네요" 라고 말하는 것이다.
만남의 목적과 별 상관이 없는 사소한 것이지만
그것을 기억하는 행동은
상대에 대한 관심이기 때문에
상대는 분명 기분이 좋을 것이다.

KEY
POINT

상대가 마음의 문을
스스로 열게 하는
대화법

만약 아무런 인기척도 내지 않고 불쑥 다른 사람의 집 문을 열고
들어간다면 그 집주인은 어떤 반응을 보일까? 도둑이라고 생각해
놀라서 소리를 지르거나 경찰을 부를 것이다.

또 볼일이 있어서 어떤 집을 찾아가서 초인종을 계속해서 누르
거나 손으로 세차게 두드리고 발로 문을 찬다면 어떤 반응을 보일
까? 상대가 아무리 볼일이 있어서 왔다고 해도 집주인은 무례한
느낌이 들어서 기분이 매우 나쁘고 화가 날 것이다. 뿐만 아니라
절대 문을 열어주고 싶지 않을 것이다.

사람과 사람 사이에는 눈으로 볼 수 없지만 확실하게 지키고 싶
은 자신만의 공간이 있다. 그 공간은 만남의 대상, 상황, 목적 그리
고 관계의 깊이 등에 따라 크기가 달라진다. 그 공간을 자신만의

사적인 공간, 비밀스러운 장소로 여기기 때문에 누군가 침범했다고 느끼면 공격을 당했다고 생각해 방어의 자세를 취하게 된다. 마치 초대하지 않은 사람이 집에 들어온 것처럼 느껴 자신을 지키려 하고, 필요 이상으로 다가오면 마음의 문을 굳게 닫아버린다.

대화는 서로의 보이지 않는 마음의 공간을 존중하고 지켜주면서 시작해야 한다. 실제 공간에서도 필요 이상으로 상대방을 향해 다가가면 상대방은 뒤로 물러서는 것처럼 점차적으로 서로에게 편안한 선까지 서로의 공간을 좁혀 나간다면 대화가 잘 이루어지고 좋은 관계로 발전할 수 있다.

그러나 너무 멀리 떨어져 있어도 상대는 자신에게 거리를 두거나 자신을 거부한다고 생각할 수 있다. 그래서 상대방과의 관계와 상황을 잘 파악해 대화의 수준을 조절하고 서로에게 가장 적당한 선까지 다가가는 것이 대화를 잘하는 사람의 기술이라 할 수 있다.

인간은 보이는 부분과 보이지 않는 부분이 있는데 이는 대화를 할 때 고려해야 할 사항이다. 이를 빙산의 수면 위 부분과 수면 아래 부분으로 비유할 수 있다. 수면 위 빙산의 부분처럼 상대방이 이미 드러내 놓고 있는 부분은 대화의 주제로 삼아도 좋다. 그 부분에 대한 대화는 서로의 공감대 형성에 도움이 된다. 예를 들어 상대방이 자신의 종교적 신념에 대해 이미 드러냈다면 그것에 대해 말해도 좋다.

하지만 그에 대해 말하지도 않았는데 묻는 것은 바람직하지 않다. 그것은 보이지 않는 수면 아래의 빙산을 억지로 들여다보려고 하는 것과 같기 때문이다. 그 수면 아래의 부분은 상대방의 개인적인 공간이다. 그 공간은 상황과 관계에 따라 크기가 달라진다. 친밀한 사이라면 많이 드러내 보일 것이고, 그렇지 않은 사이라면 아예 보여주지 않을 수도 있다. 가족과 공유하는 것, 직장 동료와 공유하는 것, 그냥 알고 지내는 사람과 공유하는 것이 다른 것과 같다.

이러한 점을 염두에 두고 대화를 할 때 처음에는 수면 위 빙산의 부분에 해당하는 내용에 관한 이야기부터 시작하는 것이 대화를 편안하게 이어갈 수 있는 방법이다.

그렇다면 대화를 편안하게 시작할 수 있는 주제는 무엇일까? 상대방도 알고 나도 알고 있는 것, 상대방과 내가 서로 드러내도 거리낌이 없을 만한 것 중에서 고르는 것이다. 만약 카페와 같은 곳에서 만남을 가졌다면 그곳에서 모두가 공통적으로 경험하는 부분이 있다. 인테리어나 카페 분위기, 카페의 향기와 같은 것은 누구나 경험하는 부분이다. "커피 냄새가 참 좋네요." "인테리어가 참 독특하네요." "참 따뜻한 분위기네요." 이런 것은 서로 아는 내용이므로 편안하게 대화가 시작될 수 있다.

또는 공통적인 부분으로 시작해서 상대방만 경험했지만 상대방이 알려도 좋을 만한 부분에 대해 대화를 이어가는 것이 좋다. "오시는 길은 편하셨나요?", "눈이 오는데 미끄럽지는 않으셨어요?" 라고 묻는 것이다. 그런 질문을 받으면 상대는 자신이 도착할 때까지의 과정을 말하거나 "오는 길에 눈이 오는 거리 풍경이 아주 아름다웠습니다" 등의 경험을 말하게 될 것이다. 그리고 자연스럽게 자신에 대해 살며시 드러내면서 서로의 공간은 조금씩 좁혀지게 된다. 서로 자신이 원하는 부분까지 부담스럽지 않게 자신을 보여주도록 하는 것이 좋다.

이렇게 해서 대화가 무르익으면 더 깊은 보이지 않는 자신의 이야기까지 끄집어내게 된다. 이때 상대방이 조금이라도 관심을 보이면 수면 아래의 보이지 않는 빙산을 조금씩 공개하게 된다. 서로 보여주는 부분이 많다는 것은 그만큼 서로 친밀하고, 관계가 깊어진다는 것을 말한다.

친밀한 관계가 되기 위해서는 먼저 자신의 빙산의 수면 아랫부분을 조금씩 드러내야 한다. 그러면 상대방도 나에게 조금씩 친밀감을 느끼기 시작하면서 수면 아래의 빙산을 드러낼 것이다. 너무 깊은 부분을 갑자기 보여주면 상대방은 오히려 부담스러울 수 있다. 그러니 수면과 가장 가까운 부분부터 보여주어야 한다.

자신을 드러내는 수위를 잘 조절하는 것이 대화의 기술이라 할 수 있다. 자신의 수면 아랫부분을 너무 급하게 드러내면 상대방은 부담스러워한다. 이제 막 데이트를 시작해서 서로를 알아가고 있는 단계에서 결혼 이야기를 한다면 상대방은 부담을 느끼게 된다. 그 정도까지의 대화를 나눌 관계가 아직 되지 않았는데 돌진해오면 상대는 마음의 문을 닫아버릴 것이다. 마치 수면에 돌을 던지면 물의 파장으로 인해서 속이 보이지 않는 것처럼 말이다.

적당히 수면의 아래 부분을 드러내면 관계를 빠르게 진행시키는 데 도움이 될 수도 있다. 상대방이 모르고 있던 자신의 고민을 드러내거나 자신이 현재 해결책을 찾고 있는 부분에 대해서 말하는 것이다. 사람은 어려운 상황에 처한 사람을 도와주고 싶어 하고, 또 자신의 어려운 부분을 드러내는 사람에 대해 친밀감을 느끼는 경우가 많다. 예를 들면 "이사를 가야 하는데 어디로 가야 할지 고민 중이에요"와 같은 것이다. 모르던 부분을 드러내어 공유하게 되기 때문에 그 고민에 대해 함께 생각하고 대화하면서 관계의 깊이를 더할 수 있다.

너무 부정적인 이야기나 부담스러운 이야기 또는 나쁜 이미지를 줄 수 있는 이야기는 친해지고 있는 관계에서는 될 수 있으면 하지 않는 편이 좋다. 예를 들면 오는 길에 눈이 많이 와서 매우 힘이 들었다고 해도 그것을 장황하게 늘어놓을 필요가 없다. 자신이 늦게 왔다면 먼저 짤막한 사과와 함께 늦게 온 이유에 대해서 간단하게 말하면 된다. 대신 될 수 있으면 좋은 감정이 일어날 수 있는 내용의 대화부터 시작하는 것이 좋다. 눈이 와서 길이 막혔다고 투덜대는 대신에 "나무에 눈이 소복이 쌓인 모양이 너무 아름다웠어요"라고 좋은 느낌을 말하는 것이다.

첫인상을 다룰 때 빼놓을 수 없는 심리학적 용어가 '초두효과(Primacy Effect)'다. 이는 먼저 제시된 정보가 나중에 제시된 정보보다 더 중요하게 작용한다는 것이다. 이때 첫인상은 나중에 들어오는 정보를 해석하는 기준으로 작용하게 된다. 미국의 사회심리학자 솔로몬 애쉬는 초두효과에 대한 실험을 했다.

A와 B, 두 사람의 성격에 대한 정보를 제시하고 실험을 진행했다. A에 대한 정보는 '똑똑하다, 근면하다, 충동적이다, 비판적이다, 고집스럽다, 질투심이 많다'였다. 반면 B에 대한 정보는 '질투심이 많다, 고집스럽다, 비판적이다, 충동적이다, 근면하다, 지적이다'였다. 이는 똑같은 내용을 순서만 다르게 배열했을 뿐이다. 그러나 결과는 실험참가자들이 A에 대해 더 긍정적인 반응을 보였다. 그만큼 처음에 보이는 면이 중요하다는 사실을 알 수 있다.

만남에는 여러 가지 목적이 있다. 어떤 만남이라도 부드럽고 따뜻하게 긍정적인 느낌을 줄 수 있는 대화로 이어나간다면 좋은 결과를 낳을 가능성이 높다. 스스로 긍정적인 마음을 갖고 상대방에 대해 긍정적으로 느끼면 아무리 까다로운 주제의 대화가 나온다고 해도 상대방에 대해 부정적인 느낌으로 시작할 때와는 확연히 다른 긍정적인 방향으로 향하게 될 것이다.

상대방의 마음의 문을 예의 바르고 부드럽게 두드려서 상대방이 문을 열어줄 때를 기다려 보자. 또 상대방의 마음의 빙산을 존중해주면서 수면의 아랫부분을 따뜻한 마음으로 바라보자. 그러면 상대방은 나로 하여금 수면 아래의 빙산을 볼 수 있도록 자신의 마음을 조금씩 열어줄 것이다.

대화는 서로의 보이지 않는 마음의
공간을 존중하고 지켜주면서 시작해야 한다.
실제 공간에서도 필요 이상으로
상대방을 향해 다가가면
상대방은 뒤로 물러서는 것처럼
점차적으로 서로에게 편안한 선까지
서로의 공간을 좁혀 나간다면
대화가 잘 이루어지고
좋은 관계로 발전할 수 있다.

KEY
POINT

따뜻한 음성이
따뜻한 이미지를
만든다

A는 직장 동료의 주선으로 한 유명 재즈 카페에서 열리는 미팅에 참석했다. 연말 파티를 겸한 선남선녀들의 친목 모임이었다. 음악이 흐르고, 각자 서로를 살피며 대화를 나누는 가운데 분위기가 무르익고 사회자가 흥을 돋우면서 파트너를 정하는 시간이 되었다. 드디어 A의 차례가 왔다. 사실 A는 '제발 저 사람만 아니었으면!' 이라고 생각하는 사람이 있었다. 눈에 잘 띄지 않는 평범한 외모를 가졌고, 왜소하게 보였으며, 말없이 조용히 한쪽에 앉아 있던 사람이었다.

그런데 하필이면 바로 그 사람이 자신의 파트너가 되었다. 마음속으로 실망이 컸지만 어쩔 수 없이 그의 곁에 앉게 되었고, 어색함이 흐르는 가운데 몇 마디를 나누었다. 이후 장기자랑이 있었는데 그 남자 파트너가 앞에 나가 피아노를 치며 재즈를 불렀다. A는 깜짝 놀랐다. 그의 노래하는 목소리가 환상적이었기 때문이다. A는 그의 목소리에 마음이 온통 녹아내리는 듯했다. 그 순간 지금까지 그 사람에 대해 갖고 있던 생각이 완전히 바뀌었다. 그곳에 모인 뭇 남성들 가운데 그가 가장 멋있게 보였다.

청각적 이미지와 시각적 이미지는 서로 다른 차원의 이미지를 그려주게 된다. 눈과 귀는 보고 듣는다는 기능의 차이도 있지만, 눈은 정면에 있고, 귀는 측면에 있어 상대방에 대해서 감지하는 내용이 다르다. 우리는 시각적인 이미지로 알 수 없는 것들을 청각적인 이미지로 알게 되는 경우가 있다. 시각적 이미지로 보는 것은 대개 이성적으로 작용하지만 청각적 이미지는 감성적으로 작용하는 경향이 있다. 그런데 감성이 사람에게 더 강하고 크게 작용할 때가 많다.

시각과 청각의 순서를 정하자면 시각이 먼저다. 사람을 만나면 소리를 듣기 전에 먼저 보기 때문이다. 시각적으로 형성된 첫인상을 바꾸기는 쉽지 않지만 A의 경우에는 청각적 이미지가 너무나 강렬했기 때문에 처음 본 시각으로 판단했던 그 사람에 대한 이미지가 한꺼번에 바뀔 수 있었다. 목소리로 상대방이 나에게 갖고 있는 첫인상을 일순간에 바꾸기는 쉽지는 않지만 그렇다고 불가능한 일은 아니다.

음성은 시각적인 이미지와 마찬가지로 한 사람의 이미지를 결정하는 아주 중요한 요소다. 캘리포니아 대학교의 한 교수가 의사소통의 결정요소에 대해 연구를 했는데 의사소통에 있어서 시각적인 이미지는 55퍼센트, 청각적인 이미지는 38퍼센트의 영향을 미치고, 말의 내용은 7퍼센트에 그친다는 연구결과를 얻었다. 이를 통해 청각적인 이미지가 의사소통에 많은 영향을 미친다는 사실을 알 수 있다.

음성은 사실 우리가 생각하는 것보다 훨씬 더 많이 우리 자신에 대해 드러낸다. 음성 속에는 특히 감정이 담겨 있기 때문인데 감정을 숨기기는 쉽지 않다. 그래서 사람들은 우리의 음성을 통해서 우리의 많은 것을 판단하게 된다.

말의 억양이나 음성에 담긴 미세한 감정을 감지하는 기술이 개발되고 있다고 한다. 외국의 한 기업은 40가지 이상의 감정을 감지하는 음성분석기술을 개발했다고 발표했다. 그 기술을 활용하면 의사소통에 담긴 개인의 감정뿐 아니라 말하는 사람의 태도와 성격까지도 탐색할 수 있다고 한다.

사람의 얼굴이 각기 다른 것처럼 음성도 각기 다르다. 거친 음성, 부드러운 음성, 날카로운 음성, 차분한 음성 등 여러 가지다. 각 음성에 따라 그 느낌도 다르다. 심야에 라디오 음악프로그램을 듣고 있노라면 진행자의 음성에 빠져드는 경우가 많다. 그 음성을 듣고 있으면 마음이 편안해지고, 매우 감미롭게 느껴진다. 그런 음성은 예외 없이 따뜻한 느낌이다.

그렇다면 따뜻한 느낌의 음성은 어떤 음성을 말하는 것일까?

음성은 너무 커도 부담스럽지만 너무 작아도 필요 이상 귀를 기울이고 들어야 하기 때문에 부담스럽다. 상황에 맞는 적당한 크기가 좋다. 보통 개인적인 만남이라면 약간 작게, 많은 사람과 만나는 경우라면 좀 더 크게 말하는 것이 좋다. 크기뿐 아니라 음성의 높고 낮음에도 주의를 기울여야 한다. 음성의 높낮이에 따라서 상대방은 나의 감정과 상황 등을 판단하게 된다. 약간 낮은 음성이 높은 음성보다는 더 편안한 느낌과 신뢰감을 주게 된다. 말하는 속도도 마찬가지다. 빨리 말하는 사람보다는 조금 천천히 말하는 사람의 음성이 더 신뢰감을 준다. 즉, 음성을 상황에 맞추되 보통 음성의 크기로 약간 낮게 또 약간 느리게 말할 때 좀 더 따뜻한 느낌을 주게 된다.

말할 때의 자세는 음성에 직접적인 영향을 주게 된다. 몸을 똑바로 하고 허리를 바르게 펴고 두 발을 바닥에 닿게 하는 것이 좋다. 그리고 상체에 불필요한 힘을 빼고 몸을 이완시킨다. 자세가 반듯하다는 것은 나무에 비유하자면 뿌리가 견고하다는 것과 같다. 그런 나무에서 건강한 가지가 뻗게 되고, 좋은 열매들이 맺히듯이 몸을 바르게 할 때 건강한 음성이 나오게 된다.

다리를 꼬거나 몸을 의자에 깊숙이 기댄 채 앉아서 힘을 쭉 빼고 말을 하게 되면 좋은 음성이 나오지 않는다. 좋은 음성을 위해서는 무엇보다도 반듯한 자세를 취하는 것이 좋다. 아울러 표정도 음성에 지대한 영향을 주게 된다. 환하게 미소를 띠면서 말을 해 보고, 얼굴을 찡그리면서 말을 해 보라. 확연히 차이가 나는 것을 알 수 있을 것이다. 얼굴 표정을 밝고 환하게 하고 말하는 것이 훨씬 따뜻한 느낌이 풍겨나오게 된다.

긍정적인 이미지를 위해서는 표정과 자세, 걷기 등의 훈련을 하고 또 호감을 줄 수 있는 의상을 입어야 한다. 이와 마찬가지로 음성에도 훈련이 필요하다. 기본적으로 건강한 상태에서 자세를 바르게 하고 표정을 밝게 하면 대부분 듣기 좋은 음성이 나온다.

그러나 당시의 감정 상태 때문에 좋은 음성이 나오지 않는 경우가 있다. 대중 앞에서 말을 해야 하는데 자신감이 없다면 음성에 힘이 없거나 약하게 나온다. 그럴 때를 대비해서 자신감을 상승시키면서 음성에 힘을 실어줄 수 있는 연습을 하면 좋다. 자신이 좋아하는 연설문이나 신문의 사설을 큰 소리로 읽는 것이다. 얼굴에 환한 미소를 띠면서 읽으면 기분이 상승되기 때문에 자신감 상승과 음성에 더 많은 도움이 된다. 이런 훈련을 한 경험과 기억만으로도 대중 앞에 섰을 때 훨씬 자신감이 생기게 될 것이다. 자신감이 생기면 음성 역시 변하게 마련이다.

좀 더 구체적으로 음성 훈련을 하는 방법으로 먼저 복식호흡을 연습해 보자. 숨을 될 수 있으면 아래쪽 복부까지 닿는다는 느낌을 가지고 깊게 들이마시고, 내쉴 때는 최대한 길게 천천히 내쉰다. 그다음으로 입을 최대한 크게 벌려서 또렷한 음성으로 '아, 에, 이, 오, 우'를 반복한다. 이를 낮은 톤, 중간 톤, 높은 톤으로 번갈아 가며 연습한다. 마지막으로 입술을 정확하게 벌려서 배의 공명으로 '도, 레, 미, 파, 솔'을 반복한다.

밝은 표정과 반듯한 자세 그리고 또렷한 음성으로 책을 읽는 것은 음성훈련에 많은 도움이 된다. 책을 낮은 톤으로 느리게 한 번, 높은 톤으로 빠르게 한 번, 또 자신이 가장 듣기 좋고 적당하다고 생각하는 톤과 속도로 읽으면서 녹음을 해 보자. 그리고 녹음한 것을 들어 보자. 자신의 음성을 직접 녹음을 해서 들어 보면 자신의 음성에 대해 더 정확하게 파악할 수 있다.

이런 연습을 하다 보면 얼마 지나지 않아 자신의 음성이 점점 좋아지고 있다고 느끼게 될 것이다. 자신의 음성이 듣기 좋다고 느껴지면 다른 사람도 당신의 음성이 좋다고 느낄 것이다.

듣기 좋은 음성은 바로 따뜻함이 느껴지는 음성이다. 따뜻한 음성은 상대에게 호감을 주는 요소 중의 하나다.

음성은 시각적인 이미지와 마찬가지로
한 사람의 이미지를 결정하는 아주 중요한 요소다.
캘리포니아 대학교의 연구에 따르면,
의사소통의 결정요소에 있어서
시각적인 이미지는 55퍼센트,
청각적인 이미지는 38퍼센트의 영향을 미치고,
말의 내용은 7퍼센트에 그친다고 한다.

KEY
POINT

말을 잘하는 것보다 잘 듣는 것이 고수의 대화법

한 젊은이가 소크라테스를 찾아가서 대중 연설과 웅변술을 배우고 자 했다. 그 젊은이는 위대한 철학자를 만나자마자 유창하게 이야 기하기 시작했다. 그 젊은이가 너무 오랫동안 이야기를 하는 바람 에 소크라테스는 자신이 해주어야 할 말을 한마디도 못하고 있다 가 손으로 그 젊은이의 입을 막으면서 "이봐 젊은이, 난 자네에게 수업료를 두 배로 받아야 할 것 같군"이라고 말했다. 그 말을 듣고 왜 자신이 수업료를 두 배나 내야 하는지에 대해서 불평을 하는 젊 은이에게 소크라테스가 대답했다.

"자네를 훌륭한 지도자로 만들려면 두 가지 원리를 가르쳐야 하 기 때문이라네. 자네는 먼저 혀를 자제하는 법을 배워야 하네. 그러 고 나서야 그 혀를 올바르게 사용하는 법을 배울 수 있을 것이야."

말을 많이 해야 말을 잘하는 사람이라는 착각을 하는 사람들이 있다. 많은 사람에게 존경 받는 지도자들을 떠올려 보자. 그들은 말을 많이 하기보다 일단 다른 사람이 하는 말을 잘 듣고, 그 사람이 말을 할 수 있도록 질문을 하거나 피드백을 통해서 격려를 해준다. 실제로 말을 잘하는 사람은 다른 사람으로 하여금 말을 하도록 이끌어주는 사람이다. 그렇게 하기 위해서는 상대방의 말을 잘 들어주어야 한다.

미국의 강철왕 앤드류 카네기는 어느 저녁 파티에서 저명한 식물학자와 대화를 나누게 되었다. 식물학자는 전공분야인 식물에 관한 이야기를 쏟아냈고, 카네기는 그 이야기를 관심 있게 들었다. 파티가 끝난 후 식물학자는 주변 사람들에게 카네기는 정말로 대화를 잘하는 사람이라고 크게 칭찬을 했다. 카네기가 그 말을 전해 듣게 되었다. 그는 의아하게 생각했다. 자신은 식물에 대해 별 지식이 없기 때문에 식물학자의 말을 관심 있게 잘 들었을 뿐이기 때문이다.

그 식물학자는 자신이 거의 말을 했음에도 왜 카네기가 대화를 잘한다고 했을까?

사람들은 말을 많이 하는 사람을 좋아하지 않고, 내 말을 잘 들어주고, 나로 하여금 나의 이야기를 하도록 이끌어주는 사람을 좋아한다. 그런 사람과 함께 있고 싶어 하며, 그런 사람에게 자신의 깊은 마음을 털어놓고 싶어 한다. 더불어 그런 사람에 대해 좋은 인상, 따뜻한 이미지를 갖게 된다.

상대방에게 말을 하는 도중에 내가 무슨 얘기를 했는지 한번 물어보라. 당황하면서 제대로 답하지 못하는 경우가 많을 것이다. 잘 듣는 것 같이 보이지만 정작 듣고 있지 않는 경우가 많다. 혹은 듣고 있더라도 많은 부분을 놓치고 있는 경우도 많다. 대부분의 사람이 속으로는 이런저런 생각을 하고 있기 때문에 의도적으로 상대방의 말을 잘 듣지 않으면 자신의 생각들에 사로잡혀서 상대방의 얘기가 잘 들어오지 않게 된다.

설사 상대의 말을 듣고 있다고 해도, 상대방이 말하고자 하는 것을 있는 그대로 잘 듣지 않는다. 상대방이 말하는 내내 마음속으로 그 말을 판단하느라 바쁘고, 그것에 대해 나는 어떤 조언이나 말을 해야 할지 또 어떤 반박을 해야 할지 생각하느라 바쁘다. 상대방이 말하는 동안 어디서 끼어들어야 할지 기회를 찾느라 바쁘다. 그런 분주함 속에서는 상대의 말은 잘 들리지 않고, 그 말하는 내용도 제대로 이해되지 않는다. 이렇게 되면 바람직한 대화라 할 수 없다.

그래서 인간관계에서 경청은 큰 역할을 한다. 우리는 열심히 말하는 기술을 익히듯이 듣는 기술도 익힐 필요가 있다. 학교 교육에서 우리는 어떻게 무엇을 말할지를 배웠지 어떻게 들어야 하는

지는 배우지 못했다. 그러나 듣는 법은 말하는 법만큼 중요하다.

대화하는 중간에 말하고 싶은 욕구가 생길 수 있다. 반박을 하고 싶기도 하고, 내가 아는 바를 말하고 싶기도 하다. 하지만 한 번만 참아 보자. 일단 입을 닫고 귀를 열고서 따뜻한 눈길로 바라보면서 상대가 하는 말에 관심을 가져 보자. 상대방이 당신이 자신에게 집중하고 말을 듣고 있다는 것을 느끼면 당신을 향한 마음을 자연스럽게 열게 될 것이다. 마치 자신을 싸고 있는 껍질을 하나씩 벗겨 내듯이 더 깊은 자신의 마음속을 당신에게 드러내고 싶어 할 것이다. 비즈니스의 상황이라면 상대의 말을 잘 들어주는 행동은 당신에게 유리하게 작용할 것이고, 개인적 상황이라면 더욱 친밀한 관계가 형성될 것이다.

듣기만 하고 아무런 반응을 하지 않으면 자신도 집중력이 떨어져서 갖가지 다른 생각이 서서히 고개를 들 뿐만 아니라 동시에 상대방의 말도 귀에 들어오지 않는다. 귀를 통해 소리만 들어올 뿐 그 뜻은 들어오지 않는 것이다. 그러면 상대방도 그것을 눈치 채게 되고, 당신이 듣고 있는지 의심이 들 것이다. 그 의심이 확신이 되면 상대방은 더 이상 당신에게 이야기할 필요가 없다고 느끼게 된다. 그러면 당신에 대해 긍정적인 이미지를 갖지 못하고, 관계 또한 보이지 않는 금이 가게 된다.

듣는다는 의미의 '청(聽)'이라는 한문을 풀어보면 듣는 자세가 어떠해야 하는지가 나타나 있다. '청'은 이(耳, 귀), 목(目, 눈), 심(心, 마음), 왕(王, 임금)으로 이루어져 있다. 즉, 다른 사람의 말은 귀뿐만 아니라 눈으로 보고, 마음을 다해 진심으로 들어야 한다는 것이다. 마치 상대방을 왕을 대하듯이 존중하면서 대화하면 둘 사이에 좋은 관계가 형성되는 것은 당연한 일이다.

'대화의 1, 2, 3기법'은 대화에 있어서 경청이 얼마나 중요한지를 알려준다. 좋은 대화를 하려면 1분 동안 말하고, 2분 동안 들으며, 말하는 도중에 3번 맞장구를 치라는 것이다. 말을 많이 하기보다 더 많이 들어주면서 적당한 타이밍에 자신이 잘 듣고 있다는 표현을 해주는 것이 바람직한 대화법이라는 의미다.

가끔 친한 사이도 아닌데 그 사람과 이야기를 할 때면 자신도 모르게 말을 많이 하게 되는 경험이 누구나 있을 것이다. 나중에 돌이켜보면 왜 그 사람에게 그런 이야기까지 했는지 의아하게 생각된다. 그 이유를 생각해 보면 그 사람이 말을 잘해서가 아니다. 나의 말을 계속 잘 들어주었기 때문이고, 계속해서 자신이 잘 듣고 있다는 표현을 해주었기 때문이다.

대화할 때의 자세와 제스처는 상대방의 말에 대해 어떤 느낌을 받는지 고스란히 알려주는 신호다. 우리는 대화를 할 때 상대방의 태도를 통해 상대방의 생각을 유추해가며 말을 하게 된다.

대화를 할 때는 상대방을 향해 따뜻한 미소를 띠면서 상대방의 얼굴을 바라보자. 상대방이 말하는 동안에 상체를 5도 정도 앞으로 기울이면서 가끔 고개를 끄덕여 보자. 말하고 싶은 욕구가 일어나더라도 잠깐 그 마음을 누르고 조용히 들으려고 노력해 보자. 말이 중간에 끊기면 질문을 해서 다시 이어지도록 하자. 이는 상대방으로 하여금 말을 할 수 있는 환경을 만들어주는 것이다.

누군가와 대화할 때 "아~~", "그렇군요!" 등 잘 듣고 있다는 맞장구의 기술을 발휘해 보자. 그리고 상대방이 말을 끝맺는 시점에서 그동안 그가 했던 말을 정리해주자. "그 일은 잘 마무리되었지만 한 가지 문제가 남아 있단 말이죠?"와 같은 것이다. 이 한마디는 당신이 지금까지 그의 말을 잘 듣고 파악했다는 것을 드러내준다.

대화를 할 때 다음의 사실을 떠올려 보자.

'당신이 입을 열수록 상대방은 마음을 더 많이 닫게 될 것이다. 반대로 당신이 입을 닫을수록 상대는 마음을 더 많이 열게 될 것이다.'

'대화의 1, 2, 3기법'이란 것이 있다.
좋은 대화를 하려면 1분 동안 말하고,
2분 동안 들으며,
말하는 도중에 3번 맞장구를 치라는 것이다.
대화를 할 때 당신이 입을 열수록
상대방은 마음을 더 많이 닫게 될 것이고,
당신이 입을 닫을수록
상대는 마음을 더 많이 열게 될 것이다.

KEY
POINT

제3장

마음을 녹이는
대화의 기술

입으로 하는 말
VS
몸으로 하는 말

A는 명문대학을 졸업했고, 취업에 필요한 자격증도 충분히 가지고 있는 취업준비생이다. 취업을 위해 기업에 서류를 제출하면 대부분의 경우 서류전형에 합격을 하고, 면접을 보게 되었다. 그런데 문제는 매번 면접에서 떨어지게 된다는 것이다. 면접전형까지 통과되어 회사에 입사한 친구들이나 지인들에 비해서 자신이 뒤처지는 부분이 없기에 무엇이 문제인지 몰라서 계속 지원을 해 보지만 결과는 항상 똑같다.

A는 친구의 추천으로 그 분야 전문가가 진행하는 면접 준비 수업에 참석하게 되었고, 마침내 왜 자신이 자꾸 면접에서 떨어졌는지에 대해 실마리를 찾게 되었다. 그는 긴장하면 혀로 입술 주변을 핥고, 계속 눈을 깜빡이며, 손으로 코를 자주 만지는 등 자신도 의

식하지 못했던 습관들이 있었다. 그런 비언어적인 말들이 면접관들이 A가 갖춘 능력과 실력을 신뢰하지 못하게 하는 역할을 한 것이 분명했다.

그는 면접에서 말할 내용은 일단 접어두고, 전문가의 지도에 따라서 말을 어떤 태도로 표현할지에 대해 중점적으로 훈련을 시작했다. 알고 보니 습관이 된 자신의 비언어적인 행동들이 면접관들에게 긍정적인 이미지를 주지 못한 결과 자신의 능력까지 신뢰받지 못하는 결과를 낳았던 것이다. 3개월의 훈련을 마친 뒤, 그는 마침내 자신이 지원한 회사에 합격했다.

앞에서 말했듯이 의사소통을 결정하는 요소에 있어서 말의 내용은 7퍼센트밖에 차지하지 않는 반면 청각적 요소가 38퍼센트, 시각적 요소가 55퍼센트를 차지한다고 했다. 또 다른 전문가는 언어적인 내용은 단 3퍼센트밖에 차지하지 않고, 비언어적인 내용이 나머지 97퍼센트를 차지한다고 말했다. A가 설사 말을 완벽하게 잘해서 3의 점수를 받았다고 해도 97의 점수 중에서 많은 부분을 얻지 못하면 말을 아무리 잘해도 아무런 소용이 없는 것이다.

만약 어떤 사람이 "당신을 좋아합니다"라고 말하면서 얼굴을 찡그리거나 노려보면서 말을 한다고 생각해 보자. 또 팔짱을 끼고 다리를 꼬고 의자에 앉아서 거만한 태도로 말한다고 생각해 보자. 내용은 참 좋은 말이지만 마치 마음에도 없지만 억지로 한 말처럼 들릴 것이다. 오히려 싫어한다는 말로 들릴 수도 있다. 말과 그 말을 뒷받침해주는 태도가 다를 때 사람들은 말보다 태도를 더 믿는 경향이 있다.

　말로 하는 언어는 주로 지식과 정보를 전달하면서 극히 일부분의 감정을 전한다. 하지만 몸으로 나타내는 신체적인 언어는 주로 감정을 전달하면서 하는 말을 뒷받침해주게 된다. 입으로는 거짓말을 할 수 있지만 몸으로는 거짓말을 하지 못하는 이유가 몸은 감정을 전달하기 때문이다. 몸은 또한 입보다도 더 빨리, 더 정확하게 자신이 말하고자 하는 바를 표현한다. 입으로는 "반갑습니다"라고 말하면서 표정은 굳어 있고 한 발 뒤로 물러서거나 악수를 위해 손을 내미는데 힘없이 손끝만 잡는다면 상대는 별로 반갑지 않다는 말로 느낄 것이다.

　신체의 언어, 즉 표정, 제스처, 자세, 말씨 등은 감정의 언어다. 그래서 사람들의 행동만 바라보아도 그 사람이 지금 느끼고 있는 감정을 알 수가 있다. 긍정적인 감정을 갖고 있으면 당연히 긍정적인 행동을 한다. 그런 사람은 몸을 자연스럽고 유연하게 움직이고, 얼굴과 자세가 편안해 보인다. 마음이 열려 있기 때문이다. 반대로 부정적인 감정을 갖고 있으면 얼굴에 그늘이 있으며 팔짱을 끼거나 몸을 뒤로 젖히면서 상대방과 거리를 두려고 한다.

　신체적인 언어를 통해 표현되는 감정은 상대방에게도 영향을 미친다. 내가 부정적인 감정을 갖고 그것을 신체적인 언어를 통해 내보내면 상대방도 그 영향을 받아서 부정적인 감정을 갖게 된다. 내가 상대방을 노려보면 상대방은 기분이 나빠져서 나를 노려보게 된다. 반면에 미소를 지으면서 상대방을 보면 상대방도 나를 향해 미소를 띠게 된다.

만남의 자리에서 취하는 나의 태도가 편안하고 안정적이며 유연하다면 상대방에게 신뢰를 줄 수 있다. 또 그러한 긍정적인 태도는 상대방에게 따뜻함을 전달한다. 사람을 만날 때 무슨 말을 할 것인가도 중요하지만, 그것을 어떤 태도로 말하느냐는 더욱 중요하다. 태도를 통해 상대방은 그 사람의 감정 상태를 엿보게 된다. 즉, 보이지 않는 마음이 신체적인 표현을 통해서 상대방에게 전달되는 것이다.

경쟁이 치열하고, 관계가 복잡한 사회에서 살아가면서 편안하고 긍정적인 태도를 갖기란 쉽지 않다. 그래서 더욱 긍정적인 태도를 가지도록 노력할 필요가 있다. 긍정적인 느낌을 주는 신체적인 언어는 그 사람의 내면이 건강함을 나타내준다. 우리의 마음 상태, 감정 상태가 좋으면 그 태도 역시 좋을 수밖에 없다.

긍정적인 감정과 태도를 갖고 좋은 인간관계와 사회적 성공을 이루고 싶지 않은 사람은 없을 것이다. 하지만 스스로 노력해도 되지 않는 경우가 있다. 깊은 내면의 세계에 문제가 있으면 노력을 해도 그것이 결국 바깥으로 표현되고 만다. 어린 시절 깊은 상처를 경험한 사람은 계속적인 노력에도 불구하고 상처받는 상황에 처하게 되면 그 즉시 부정적인 감정이 고개를 들고 그것이 바깥으로 드러나게 된다.

그것은 심리치료를 통해 고치도록 노력은 할 수 있지만, 쉽지 않은 것이 사실이다. 그러나 스스로 좀 더 쉽게 고쳐나가는 방법이 한 가지 있다. 바로 자신의 행동에 스스로 변화를 주는 것이다. 하버드 대학교의 심리학과 교수인 윌리엄 제임스는 감정과 행동의 관계를 이렇게 표현했다. "감정이 행동을 불러일으키지만, 행동도 간접적으로 감정을 불러일으킨다."

지금 우울한 표정을 하고 어깨를 아래로 축 내려 보라. 우울한 느낌이 들 것이다. 이번에는 마치 꽃이 활짝 피듯이 얼굴 표정을 밝게 해 보라. 그리고 한번 크게 웃어 보라. 갑자기 기분이 좋아질 것이다. 화난 표정을 지어 보라. 속에서 슬며시 화가 치밀어오르는 것을 느낄 수 있을 것이다. 또다시 기쁜 표정을 해 보라. 기쁜 감정이 생겨날 것이다.

팔짱을 끼고 다리를 꼬고 폐쇄적인 자세를 취해 보자. 마음이 점점 닫히는 기분이 들 것이다. 또 팔과 다리를 반듯하게 하고, 가슴을 활짝 펴 보자. 마음이 점점 열리는 것을 느낄 수 있을 것이다.

이처럼 긍정적인 신체의 언어는 부정적인 감정의 사슬을 끊고 긍정적인 감정으로 향하게 하는 역할을 한다.

또한 나를 부정적인 감정으로 대하는 사람이 있다고 해도 그 사람의 영향을 받아서 부정적인 느낌을 갖거나 하지 말고 환한 미소와 부드러운 자세로 대해 보자. 나의 그러한 태도가 그 사람을 사로잡고 있는 부정적인 감정의 사슬을 서서히 끊어주는 역할을 하게 될 것이다.

몸으로 나타내는 신체적인 언어는 주로 감정을
전달하면서 하는 말을 뒷받침하는 역할을 한다.
신체적 언어에 해당하는 것은
표정, 제스처, 자세, 말씨 등이다.
만남의 자리에서 취하는 나의 태도가 편안하고 안정적이며
유연하다면 상대방에게 신뢰를 줄 수 있다.
또 그러한 긍정적인 태도는 상대방에게 따뜻함을 전달한다.
사람을 만날 때 무슨 말을 할 것인가도 중요하지만,
그것을 어떤 태도로 말하느냐는
더욱 중요하다.

KEY
POINT

말과 자세가
엇박자면
설득력이 떨어진다

기술직이면서 관리직을 맡고 있는 B씨는 이직을 한 것이 벌써 세 번째다. 직장을 다시 찾는 것도 힘든 일이었지만 새로운 직장에 적응하기는 더욱 힘겨운 일이었다. 새로운 일에 대한 적응도 쉽지 않았지만 그보다 힘든 일은 다른 직원들과의 관계다. 자신은 정말 최선을 다해 열심히 일한다고 생각하는데 사람들은 그런 자신을 인정해주기는커녕 자꾸 멀리하는 것처럼 느껴진다. 그뿐 아니라 그냥 말을 하는데도 왜 화를 내냐고 언짢아하기도 하고, 무시한 적이 없는데 자신을 무시한다고 하기도 한다. 다른 직원들과 관계가 좋지 못하니 일의 진행도 순조롭지 못하다.

B씨는 사람들과 잘 지내면서 직장생활을 잘하고 싶은 마음이 간절한데 그런 오해를 받고 사람들이 멀리하자 이해할 수가 없었

다. 여러 가지로 회사생활이 힘들던 B씨는 어느 날 교육을 위해 회사를 방문한 한 리더십 강사에게 개인적으로 자신의 고민을 털어놓고 상담을 신청했다.

B씨는 얼마 후 그 강사와 상담을 하는데 대화 도중에 강사가 손등을 아래로 하고 검지손가락으로 B씨를 찌르듯 가리키며 고개를 옆으로 내저었다. B씨는 순간 기분이 나빠지면서 '아니, 뭐 이런 사람이 있어. 내가 잘못 찾아왔나!' 라는 생각이 들었다. 또 강사는 다리를 꼬고 의자에 비스듬하게 앉아서 약간 측면으로 자신을 바라보며 말을 했다. 또다시 기분이 나빠지면서 '내가 찾아와서 기분이 나쁜 건가! 그럼 못 만나겠다고 미리 말을 하지. 사람이 회사에서 강의할 때 하고는 다르네!' 라는 생각이 들었다.

그런데 강사가 B씨에게 그의 문제가 바로 그런 행동에 있다는 것을 알려주자 B씨는 기분이 나쁘면서도 속으로 내심 놀랐다. 일만 잘하면 되지라고 생각했던 자신이 가지고 있던 직장생활에 대한 생각이 바뀌기 시작했다. 상담을 하면서 자신이 습관처럼 하고 있던 자세나 제스처, 태도가 다른 사람에게 기분 나쁘게 느껴졌을 수도 있을 거라는 생각이 들기 시작했다.

우리가 무심코 취하는 자세 중에는 상대방으로 하여금 자신에게 다가오게 하는 긍정적인 신호가 있고, 자신으로부터 도망가게 하는 부정적인 신호가 있다. 상대방의 말을 들을 때 고개를 끄덕이거나 상체를 상대방으로 향하게 되면 상대방의 말에 대한 관심과 감흥을 자신도 모르게 나타내는 것이다. 즉 '정말 그래요', '동의 합니다'라는 말을 행동으로 전달하는 것이다. 이런 신호에 상대방 은 기분이 좋아지게 되므로 관계에 큰 도움이 된다.

반대로 상대방의 말을 들으면서 가만히 앉아서 미동도 하지 않 으면 상대방은 자신의 말에 무관심하거나, 자신이 뭔가 잘못 말하 고 있다는 느낌이 들어서 당황하게 된다. 즉 '도대체 내 말을 듣는 거야?!', '내 말에 동의한다는 거야 아니야!'라는 의문이 생기게 되는 것이다. 그러면 자신이 정작 하려던 말도 제대로 못하게 된 다. 상대방의 마음이 닫혀 있다는 느낌이 들어 자신도 마음이 닫혀 버린다. 이후에는 형식적인 대화만 오갈 것이다.

상대방이 말을 할 때 그 사람을 향해서 몸을 약간 기울이고, 고 개를 끄덕여주며, 시선을 집중하고 들어 보자. 상대방은 자신에게 관심을 갖고 있음을 느끼며 동시에 마음이 열리게 될 것이다. 억지 로 마음에도 없는 신호를 보내라는 말이 아니다. 상대방을 향해 그 러한 긍정적인 신호를 보내면 상대방은 마음을 활짝 열고 자신이 하고 싶은 말을 충분히 하게 된다. 상대방으로 하여금 최상의 상태 가 되도록 도와주는 것이다.

상대방이 나에게 관심을 갖고 있다는 긍정적인 신호를 받으면 그에 대해 좋은 이미지를 갖게 된다. 대화를 할 때 상대방을 향해 의도적으로 긍정적인 신호를 보내는 것이 관계를 위해 또 대화의 목적을 위해서 바람직하다. 그렇다고 아무 때나 모든 신호가 적용될 수 있는 것은 아니다. 시간과 장소, 상황과 대상에 따라서 달라져야 한다.

상대방의 슬픈 이야기를 듣고서 "얼마나 힘드세요"라고 말하면서 환하게 미소를 지을 수는 없는 일이다. 이때는 약간 슬픈 표정을 지어주어야 한다. 상사의 질책을 받고서 "제가 정말 잘못했습니다"라고 말하면서 고개를 끄덕이며 시선을 맞출 수는 없다. 이때는 고개를 약간 숙이고 아래쪽을 바라보아야 한다.

이렇듯 자신이 하고 있는 말과 행동 또는 제스처가 일치해야 한다. 다시 말해, 말을 할 때는 그 말에 상응하는 몸짓이 따를 필요가 있다. 말을 하는데 몸이 같이 움직이지 않으면 그만큼 설득력이 떨어진다. 큰 물건이나 큰 사건을 말할 때는 몸짓을 크게, 작은 일을 표현할 때는 작게, 신속함이 필요한 일을 말할 때는 몸짓을 좀 더 빠르게, 차분한 일을 말할 때는 몸짓을 조금 느리게 하면 말의 전달에 효과적이다. 만일 그 반대로 한다면 설득력이 떨어질 수 있다.

대화를 할 때 상대방과 시선을 맞추면서 밝고 환한 표정을 지으면 상대방은 기분이 밝아지고 편안함을 느낄 뿐 아니라 당신에 대해 호감을 가질 가능성이 높아진다. 일반적으로 불안하거나 흥분

하면 눈을 자주 깜박이게 되는데 그렇게 되면 초조해하고 있다는 느낌을 준다. 초조한 모습은 자신감이 없는 것으로 받아들여지게 된다. 혹 초조한 상황이 되면 먼저 내적인 편안함을 갖도록 노력하고, 또 내 눈이 보통 때보다 더 자주 깜빡이는 것은 아닌지 점검해 보는 것이 좋다.

호흡도 될 수 있으면 고른 것이 좋다. 안정적인 호흡을 위해서는 자세를 바르게 하는 것이 중요하다. 바른 자세에서 좋은 소리가 나오기 때문이다. 특히 목, 등, 허리 부분을 곧게 펴서 소리가 맑고 명확하게 나오도록 한다. 구부정한 자세나 너무 편안하게 뒤로 기댄 자세는 긴장감이 없어 탄력 있는 좋은 목소리가 나오지 않는다.

보통 음성은 한 사람의 내적인 감정을 적나라하게 드러낸다. 기쁘고 반가운 마음이면 밝고 환한 음성이 나오고 그것을 통해 감정이 드러난다. 그러나 스트레스 상황에 있으면 음성이 떨리거나 기어들어가거나 하는 등 음성이 부정적으로 나타난다. 만약 중요한 대화를 앞두고 있다면 먼저 그 불안감을 해소해주어야 한다. 불안감을 짧은 시간에 해소하는 방법이 한 가지 있다.

아랫배에 두 손을 대고 숨을 깊숙이 4초간 들이마시면서 배가 불룩해지는 것을 손으로 느낀다. 그런 다음 4초간 숨을 멈추고 자신의 불안을 모두 뱃속에 가득 모은다는 느낌을 갖는다. 그리고 8초간 천천히 내쉬면서 그 불안과 스트레스를 모두 남김없이 뿜어낸다. 이때 자신의 불안이 뱃속에 가득 채워지는 모습, 그리고 그 불안이 바깥으로 나가는 모습을 머릿속으로 그리면서 하면 더욱 효과적이다.

긍정적인 인상은 자신의 내적 확신이나 자신감이 몸을 통해 표현될 때 만들어진다. 자신이 없는 부분에 대해서는 마음을 두지 말자. 그 대신 자신이 갖고 있는 부분을 생각하면서 언젠가 자신이 성공했던 순간의 기쁨을 회상해 보자. 그러면 자신감이 생기게 된다.

긍정과 부정은 마치 자석과도 같다. 긍정은 긍정을 끌어당기고, 부정은 부정을 끌어당긴다. 즉, 긍정적인 마음은 긍정적인 결과를, 또 부정적인 마음은 부정적인 결과를 만든다는 사실을 기억하자.

바른 자세도 긍정적인 인상을 주는 데 큰 영향을 미친다. 자세는 자신이 어떠한 사람이기를 원하는지와 지금 자신이 스스로에 대해 생각하는 바를 보여준다. 또 자신이 상대방에게 어떻게 받아들여지기를 원하는지를 나타내준다. 총총걸음으로 다가오는 사람과 느릿하고 큰 걸음으로 다가오는 사람을 떠올려 보면 자세가 인상에 어떤 영향을 미치는지 쉽게 이해가 갈 것이다.

자세는 일단 똑바로 하고, 양발을 바닥에 편안히 닿게 하는 것이 가장 기본이다. 두 발이 바닥에 닿는 느낌을 가질 때 마치 뿌리가 견고하게 땅속 깊숙이 박힌 것처럼 자세도 흔들림 없이 편안하게 된다. 자세가 반듯하면 대화 중간에 설사 마음이 흔들린다고 해도 내면이 견고하기 때문에 외적인 흔들림이 덜하고 표현 역시 덜 흔들리게 된다.

자리를 어떻게 차지하는가도 인상에 영향을 준다. 물리적인 자리는 실제적인 자리를 말해준다. 회의에 참석한다고 가정해 보자. 직위에 따라 자신에게 허락된 자리가 있고 그렇지 않은 자리가 있다. 보통 회의 주관자의 자리에 참석자가 앉지 않는다. 그런데 누군가 그 자리에 앉는다고 하자. 그러면 그 자리에 앉은 사람은 자신이 주관자의 자리를 빼앗겠다는 도전의 뜻으로 말없는 말을 전달하는 것이다.

자리에 앉는 자세도 중요하다. 앉을 때는 자신에게 주어진 자리를 모두 차지하면서 앉는 것이 좋다. 의자 끝에 살짝 걸터앉아 있는 사람을 생각해 보자. 자신감이 없는 약한 사람이라는 인상을 주게 된다. 또한 자신에게 허락된 자리보다 더 많이 차지하려는 사람을 생각해 보자. 강하게 보이려고 애쓰면서 다른 사람을 침략하려는 공격적인 인상이 느껴진다.

상대방과 대화할 때 손의 방향도 중요하다. 손등을 보이면서 무엇을 가리키면 상대방을 깔보는 듯한 느낌이 든다. 이는 왕이 하인에게 명령을 내릴 때의 손의 자세다. 그 대신에 손바닥을 보이면 상대방은 호의를 느끼게 된다. 자신의 정직함을 표현할 때 두 손바닥을 보이는 것은 자신의 마음을 다 들여다보라는 의미다. 마음을 들여다봐도 거리낄 것이 없다는 말이다.

누군가와 대화할 때 될 수 있으면 양손의 손바닥을 보이는 것이 좋다. 손을 주머니에 넣거나 손등을 보이지 말자. 그렇게 하면 무언가를 숨기고 있다는 인상을 줄 수 있다. 사람들은 무언가를 숨기고 있는 사람에게 긍정적인 평가를 내리지 않는 법이다.

상대방이 당신의 말을 잘 받아들이지 않고 있거나 마음이 닫혀 있다고 느낄 때 해결할 수 있는 방법은 상대방에게 두 손을 보이는 것이다. 손바닥을 보이면서 상대방을 설득하면 손바닥이 보이지 않을 때보다 상대방이 당신에게 마음을 열 가능성이 높아지게 된다.

우리가 무심코 취하는 자세 중에는
상대방으로 하여금 자신에게 다가오게 하는
긍정적인 신호가 있고,
자신으로부터 도망가게 하는 부정적인 신호가 있다.
상대방의 말을 들을 때 고개를 끄덕이거나
상체를 상대방으로 향하게 되면 상대방의 말에 대한
관심과 감흥을 자신도 모르게 나타내는 것이다.
이런 신호에 상대방은 기분이 좋아지게 되므로
관계에 큰 도움이 된다.

KEY
POINT

정신적, 시간적, 물리적 공간에 대한 에티켓이 곧 배려다

앞에서 말했듯이 사람은 누구나 자신만의 공간을 필요로 한다. 그 공간은 눈에 보이는 물리적인 공간 이외에 눈에 보이지 않는 정신적인 공간도 포함된다. 그것은 집의 담이나 벽처럼 자신을 보호하는 역할을 하기 때문에 심리적 안정을 위해 확보되어야 하는 영역이다. 낯선 사람이 다가오면 경계를 하게 되는 이유는 보이지 않는 자신의 영역을 침범 당할 위험이 있기 때문에 방어심리가 작동하기 때문이다.

공간에 대한 심리적 반응은 상대방과의 관계에 따라 다르다. 만약 늦은 밤 지하철에서 모두 내리고 다음 정거장에서 낯선 사람이 타게 되면 우리는 매우 긴장하게 된다. 만약 그때 만난 사람이 낯선 사람이 아닌 이웃이라면 긴장되기보다 안도감을 느낄 것이다.

또 친한 이웃인지, 아니면 안면만 있는 이웃인지에 따라 안도감의 정도도 달라지게 된다. 즉, 관계에 따라 허용되는 공간의 범위가 달라진다.

사람의 공간에는 물리적인 공간과 더불어 정신적인 공간과 시간적 공간이 있다. 먼저 정신적인 내면의 공간은 외부에서는 보이지 않고, 알 수도 없으며, 쉽게 접근할 수 없는 자신만의 공간이다. 사람들은 그 공간을 지키고 싶어 하기 때문에 그것을 존중해주고 지켜주는 사람에게 편안함을 느끼고 마음의 문을 열어 자신의 정신적 공간을 보여주게 된다.

그래서 처음 만나는 사람에게는 스몰토크와 같은 가벼운 주제의 대화로 시작해서 서서히 상대방을 향해 다가가야 한다. 다가가는 속도를 잘 조절해야 서로 편안하게 마음을 열게 된다. 만나자마자 "어떻게 돈을 그렇게 많이 버셨어요?", "왜 이혼하신 거예요?", "종교가 뭐예요?"와 같은 극히 개인적인 질문을 하게 되면 상대방은 무례하다고 생각하고 마음의 문을 닫게 된다. 자신이 스스로 열지 않은 정신적 공간을 침범 당했기 때문이다. 정신적 공간을 적절히 지켜주지 않는 말은 보이지 않는 칼이나 몽둥이와도 같다. 자칫하면 싸움으로 번질 수도 있다.

특히 가까운 관계라면 서로의 공간을 더 지켜줄 필요가 있다. 서로 상처를 주기 쉬운 관계이기 때문이다. 먼 곳에 있거나 그다지 상관이 없는 사람들에게는 상처를 주는 경우가 거의 없다. 하지만 고슴도치가 너무 가까이 있으면 서로의 가시에 찔리게 되듯이 가까이 있는 사람끼리는 쉽게 상처를 줄 수 있다. 대신 위로의 말, 사랑의 말과 같은 긍정적인 말은 상대방의 마음공간을 어루만져주고 치료해주는 약이 된다.

그다음으로 물리적인 공간이 있는데, 이는 매우 유동적이다. 관계와 상황, 장소에 따라 공간이 넓어지기도 하고 좁아지기도 한다. 상대방과의 사이가 손을 뻗어서 닿을 정도인 60센티미터 이내라면 친밀 영역이라 할 수 있다. 친구나 가족들은 몸이 닿을 정도로 가까이 있어도 편안하다. 친밀 영역 속에 있을 수 있는 관계이기 때문이다. 가게에서 계산을 할 때 종업원과 가까이 있어도 불편하지 않다. 서로가 합의를 한 상황에서의 거리이기 때문이다.

60센티미터에서 120센티미터 이내는 사적인 영역이라고 할 수 있다. 사람을 만나서 대화할 때 서로 편안한 거리라 할 수 있다. 직장에서 동료 간에 업무상의 대화를 주고받을 때, 회의를 할 때, 가게에서 직원에게 무언가를 물어볼 때 등 현재 서로 연관이 되어 있는 사람간의 대화의 거리다.

120센티미터에서 360센티미터 이내는 사회적인 영역이다. 나와 그다지 상관이 없는 주변 사람들과의 거리다. 지나가는 사람이나 버스, 전철을 함께 타고 가는 사람이 그런 경우다. 하지만 혼잡

할 경우 서로 암묵적인 동의하에 가까이 있게 되고, 그럴 경우에는 상황과 장소가 허락하기 때문에 그리 불편하지 않다. 하지만 혼자 전철에 있는 경우는 사회적인 영역만큼 거리가 확보되어야 편안하게 느낀다.

400센티미터 이상은 공공 영역이다. 예를 들어 강연자와 청중은 이 정도의 거리에 있을 때 서로 편안하게 느낀다. 그런데 강연자가 그 거리를 깨고 청중을 향해 가까이 접근하게 되면 청중은 긴장하게 된다. 그리고 아주 가까이 다가가면 청중은 의자 등에 몸을 바싹 붙이면서 어떻게든 거리를 좀 더 두려고 할 것이다. 자신의 영역을 어떻게 해서든지 지키려는 심리다.

하지만 강연자가 청중에게 다가가면서 "제가 여러분 쪽으로 좀 더 가까이 다가가겠습니다"라는 양해를 구하는 말을 한다면 청중의 반응은 달라질 것이다. 강연자가 갑자기 다가갔을 때보다 훨씬 덜 긴장하고 거리를 두기 위해 뒤로 물러나지는 않을 것이다.

위와 같은 양해를 구하는 말은 서로 합의를 보는 것이고, 마음의 문을 두드리는 것과 같다. 또 복도를 지나가는데 상대방과 너무 밀착되는 듯싶으면 "잠깐 지나가도 될까요?"라고 말하는 것도 양해를 구하는 말이다.

이처럼 상대방의 영역에 들어가야 할 상황이 생긴다면 그냥 들어가지 말고 먼저 양해를 구해야 한다. 그러면 상대방은 자신의 영역을 침범 당했다고 여기지 않을 것이다.

서로의 공간 영역에 대한 이해를 하고, 상대방을 존중하고 배려하는 가운데 한걸음씩 다가가게 되는 경우 공간적으로 가까워지면 심리적으로도 가까워진다. 처음 만난 사람과 악수를 하는 것도 서로 가까이 가겠다는 암묵적인 합의 속에서 공간을 좁혀서 서로 친밀함을 갖기 위해서다. 상대방의 공간으로 들어가게 되면 처음에는 서로 긴장하게 되지만 시간이 지나면서 점차 적응하게 된다.

남녀가 만나 연애를 한다고 하자. 처음에는 어느 정도 거리를 둔다. 하지만 점차 가까워지면서 거리도 좁혀질 것이다. 또 옆자리에 앉는 등 거리를 좁혀나가면 서로의 관계도 가까워지게 되는 것을 경험해보았을 것이다.

마지막으로 서로 존중하고 배려해야 서로의 관계를 잘 지킬 수 있는 시간공간도 존재한다. 먼저 30분 이상의 시간공간이 있다. 친구나 가족과는 30분 이상 함께 있어도 전혀 부담을 느끼지 않는다. 친밀한 시간의 공간을 갖고 있는 관계이기 때문이다. 친구를 만났는데 30분도 채 되지 않아서 가겠다고 하면 도리어 섭섭해할 것이다.

15분에서 30분 정도 함께 있으면 편안하지만 그 이상을 넘어서면 불편해지는 관계가 있다. 사업상의 미팅이나 상담을 할 때는 30분 이상 넘어서면 슬슬 불편해진다. 서로 편안할 수 있는 시간공간을 넘어섰기 때문이다. 그럴 때는 일단 대화를 끝내고 다음 만남을 기약하는 편이 좋다. 불편한 느낌의 만남은 서로에 대한 이미지에도 좋지 않은 영향을 미치기 때문이다. 긍정적인 결과를 이루기 위해서라도 다음 만남을 기약하는 쪽이 바람직하다고 할 수 있다.

이보다 더 적게 2분에서 15분 사이에 대화를 끝내는 것이 좋은 관계가 있다. 관공서와 같은 곳이다. 일을 처리하기 위해서 직원과 대화를 하면서 15분 이상 붙들고 있으면 직원은 빨리 대화를 끝내려고 할 것이다. 만약 그 이상 직원을 붙들고 있게 되면 직원은 일을 대충 끝내려고 할지도 모른다.

2분 이내로 대화를 끝내야 좋은 관계나 상황도 있다. 처음 보는 사람에게 길을 물어볼 때가 그런 상황이다. 길을 물어보는데 장황하게 이야기를 하면서 길게 시간을 끄는 사람을 마주친 경험이 있을 것이다. 그러면 단순히 길을 물어보기 위한 것이 아니라 다른 목적이 있다는 느낌을 받게 된다. 그럴 때 상대는 어떤 핑계를 대서라도 그 자리를 떠나고 싶어진다.

관계에서 정신적, 시간적, 물리적 공간을 제대로 지켜주면 편안한 관계가 될 수 있다. 서로의 공간을 잘 알고 그것을 지킨다는 것은 상대방에 대한 관심이자 배려다. 배려는 관계의 온도를 높이는 연료와도 같다.

정신적 공간을
적절히 지켜주지 않는 말은
보이지 않는 칼이나 몽둥이와도 같다.
자칫하면 싸움으로 번질 수도 있다.
특히 가까운 관계라면
서로의 공간을 더 지켜줄 필요가 있다.
서로 상처를 주기 쉬운 관계이기 때문이다.
고슴도치가 너무 가까이 있으면
서로의 가시에 찔리게 되듯이
가까이 있는 사람끼리는 쉽게 상처를 줄 수 있다.
대신 위로의 말, 사랑의 말과 같은 긍정적인 말은
상대방의 마음공간을 어루만져주고
치료해주는 약이 된다.

KEY
POINT

친밀감을 형성하는
적절한 스킨십

누구나 가장 그리워하는 것 중 하나가 어머니의 따뜻하고 부드러운 손길일 것이다. 세상에 나와서 가장 먼저 경험하게 되는 어머니의 손길은 우리가 세상에서 처음으로 접하는 따뜻함이다. 따뜻한 손길을 받는 아기는 세상에 대해 긍정적인 기대를 할 뿐 아니라 자신도 세상을 긍정적으로 대하게 된다.

만약 아기가 태어나서 따뜻한 어머니의 손길을 느끼지 못하면 자신은 세상에서 보호받지도 사랑받지도 못한다고 느낀다. 어머니의 손길을 느낀 아기는 세상을 자신을 품어주는 따뜻한 안식처라고 생각하는 반면, 그렇지 못한 아기는 황량한 세상에 버려진 느낌으로 세상을 경계하며 치열하게 투쟁하며 살아가게 될 것이다.

갓 태어난 아기에게 어머니의 손길은 생명줄과 같이 꼭 필요하다. 태어나서 누군가의 접촉을 받지 못한 아이는 설령 물질적인 부족함이 없다고 해도 정신적인 결핍을 안고 살아가게 된다. 그 결과 살아가면서 정신적, 정서적 발달 장애가 있을 수 있고, 다른 사람과의 관계를 잘 맺지 못하는 어려움을 겪을 가능성이 높다.

또한 따뜻한 접촉 없이 성장한 사람은 자신도 모르게 접촉에 대한 두려움을 갖고 있어서 다른 사람들과의 접촉을 잘 하지 못하는 경향이 있다. 누군가 접근해서 접촉하려고 하면 거부감을 느끼고 피하게 된다. 경험에서 나오는 피해의식이 자신도 모르는 사이에 깊이 자리 잡고 있기 때문이다. 이는 가정생활과 사회생활에 부정적인 영향을 미친다. 누군가 친밀감을 표현하려고 손을 만졌는데 화들짝 놀라서 그 손을 피한다면 상대방은 상처받고 그 사람에게 더 이상 가까이 다가가려 하지 않을 것이다.

어릴 때뿐 아니라 어른이 된 후에도 접촉이 필요하다. 쓰다듬고 포옹하고 만지는 행동은 관심과 보호, 안전을 나타내며, 누구나 그런 욕구를 갖고 있다. 특히 가족과의 접촉은 아주 자연스러워야 한다. 그런 접촉의 행동이 없다면 이미 정신적으로 분리되었다고 볼 수 있다. 가장 가까운 접촉이 가능한 부부의 관계를 살펴보자. 결혼을 하면 처음에는 쓰다듬고 포옹하고 만지면서 서로 떨어지고 싶어 하지 않는다. 그러다 시간이 흐르면서 점차 그런 접촉이 드물어지고, 각방을 쓰는 것이 더 편안하게 느껴진다. 그렇다고 꼭 정신적인 분리를 뜻하는 것은 아니지만, 그럴 가능성은 농후해진다.

접촉은 친밀함의 표현이고, 접촉을 통해서 더 친밀해지는 계기가 만들어진다. 처음 만나 데이트를 하다가 어느 날 손을 잡게 되면, 또 포옹을 하게 되면 더욱 친밀감을 느끼게 되는 것과 같다. 하지만 접촉을 할 때 유의할 점이 있다. 사람의 피부는 한 사람의 몸을 둘러싸고 있는 단순한 막이 아니다. 사람의 내부를 가장 잘 표현해주는 예민한 부분이다. 피부 접촉은 한 사람의 정신세계를 관통하는 아주 민감한 부분이다. 그러므로 접촉의 방법 역시 아주 중요한 문제다.

처음 만난 사람과는 함부로 접촉해서는 안 된다. 옷깃을 스치는 것조차 조심해야 한다. 혹시 의도치 않게 접촉을 하게 되면 사과를 하는 것이 예의 바른 행동이다. 게다가 피부와 같은 부분은 절대 건드리지 말아야 한다. 하지만 처음 만난 사람과도 접촉이 허락된 부분이 있다. 바로 인사의 한 형태인 악수를 위해 손을 잡는 것이다.

우리의 조상들은 언제 적을 만날지 몰라 늘 손에 창이나 칼과 같은 무기를 들고 있었다. 적이 아니라는 것을 알리기 위해서 손을 내보여서 다음과 같은 무언의 말을 전달했다. '내 손에 무기가 없습니다. 나는 당신의 적이 아니라 친구입니다.' 무기를 내려놓고 우호적인 관계를 원한다는 것을 표현하는 것이다. 처음 만난 사람과 악수를 하면 하지 않을 때보다 더 친밀하게 느껴지는 이유도 이 때문이다.

사람의 피부는 매우 예민하다. 그 피부로 느껴지는 느낌으로 자신 이외의 세상을 감지한다. 악수를 위해서 자신의 손으로 다른 사람의 손을 접촉할 때 갖가지 느낌이 들게 되고, 그것을 통해서 마음 상태를 읽게 된다. 상대방이 나에게 호의적인지, 건성으로 대하는지, 거북해하는지를 알게 된다. 또 상대방이 나와 가까워지고 싶어 하는지 아니면 빨리 그 자리를 떠나고 싶어 하는지를 느낌으로 알게 된다.

악수할 때 상대방의 손을 너무 세게 잡거나 너무 약하게 잡지 말아야 한다. 서로 편안하게 여길 수 있는 적당한 세기로 잡되 만약 상대방이 약간 세게 잡는다면 당신도 약간 세게 잡아서 상대방에게 맞추는 편이 좋다. 상대방에게 맞추어준다는 것은 상대방에 대한 배려이고, 교감을 일으키는 하나의 방법이기도 하다. 당신은 반가운 마음에 힘을 주어 상대방의 손을 잡았는데, 상대방은 약하게 잡고 있다면 상대방이 당신에 대해 소극적으로 대한다는 느낌이 들 것이다.

상대방을 향해 손을 뻗을 때도 편안하고 적당한 거리를 유지하는 것이 바람직하다. 상대방이 손을 너무 많이 뻗어서 악수를 하려는 바람에 내가 뒤로 한 발짝 밀리면 어떤 느낌이 드는가? 상대방의 손을 잡았는데 내 손을 자신의 쪽으로 잡아당겨 내가 끌려가면 어떤 느낌이 드는가? 두 경우 모두 순간적으로 기분이 좋지는 않을 것이다. 그래서 한 팔 정도의 거리에서 악수하는 것이 가장 적당하다. 적당한 거리에서 서로 부담이 갈 수 있는 힘을 가하지 않고 동등하게 힘을 주면서 편안하게 하는 경우가 가장 좋다.

문화권에 따라서는 자연스럽게 포옹을 하는 경우도 있다. 국제화 사회에서 우리나라도 친한 친구나 가족 사이에서는 포옹을 하는 것이 자연스럽게 여겨지고 있다. 다른 서양문화권보다 우리나라의 경우 포옹은 친밀한 관계가 되었을 때 가능하다. 서양에서도 누구나 포옹을 하는 것이 아니기 때문에 그런 관계인지를 잘 살필 필요가 있다. 그렇지 않으면 큰 결례가 될 수 있다.

포옹은 악수보다 더 친밀한 느낌이 들고, 또 보다 친밀한 관계에서 이루어진다. 포옹을 해 보지 않은 사람에게 포옹을 하게 되면 불편해서 몸을 뒤로 빼려고 힘을 주는 경우가 있다. 포옹까지 가능한 친밀한 관계라면 그런 행동은 상대방에 대한 예의가 아니다. '나는 당신과 가까워지기를 바라지 않아요' 라는 느낌을 주게 된다. 포옹이 가능한 사이라면 마음을 담아서 따뜻하게 상대방을 감싸주는 것이 좋다.

마음이 느껴지는 따뜻한 접촉 또는 스킨십은 친밀감을 형성하는 데 큰 역할을 한다. 포옹을 하면서 상대방의 등을 가볍게 두드려주는 행동은 상대방의 마음을 두드리는 것과 같은 힘을 발휘하게 된다.

상대방의 팔꿈치나 옷자락을 만지는 행동도 하나의 접촉이자 스킨십이다. "꼭 부탁드리겠습니다"라고 말하면서 상대방의 팔을 살며시 만지면 말만 하는 것보다 더 강력한 설득력이 생긴다. 마음을 건드리기 때문이다. 또 더 친밀한 관계에서는 손을 마주잡고 말하기도 하는데, 그렇게 하고 대화를 나누면 마음이 서로 일치할 가능성이 높아진다. 그것 또한 마음을 합하고 있는 행동이기 때문이다.

하지만 어디를 접촉하는지에 따라 다른 느낌이 들게 되므로 주의해야 한다. 상대방의 어깨를 만진다거나 상대방의 양팔을 자신의 양손으로 잡고 말하는 행동은 상대방에게 친밀감을 전하는 것이 아니라 불편함을 느끼게 한다. 상대방은 팔을 빼려고 힘을 줄 것이다. 상대방은 심리적으로 압박감을 느끼며 이내 저항감을 갖게 되기 때문이다. 그것 역시 관계에 따라 다르다. 선생님이 학생에게 어깨를 두드리고, 아버지가 아들에게 등을 어루만지는 행동은 격려의 표현이지만, 경쟁적인 관계에 있는 사람에게 그렇게 하면 상대방을 제압하려는 행위가 된다.

이렇듯 접촉할 때는 상황과 대상에 따른 섬세한 배려가 있어야 좋은 관계를 맺을 수가 있다. 즉, 내가 상대방과 그렇게 할 수 있는 관계인가, 상대방이 그것을 받아들일 수 있는가에 대한 확실한 기준이 서 있어야 한다. 불필요하거나 부적절한 접촉을 해서 상대방을 감정적으로 억압한다면 그것 때문에 상대방은 당신에게 부정적인 인상을 갖게 된다. 하지만 따뜻한 마음을 갖고 예의를 잘 지키면서 배려하는 자세로 하는 접촉은 더욱 긍정적인 관계를 맺을 수 있게 해줄 것이다.

접촉은 친밀함의 표현이고,
접촉을 통해서 더 친밀해지는 계기가 만들어진다.
접촉할 때는 상황과 대상에 따른
섬세한 배려가 있어야 좋은 관계를 맺을 수가 있다.
즉, 내가 상대방과 그렇게 할 수 있는 관계인가,
상대방이 그것을 받아들일 수 있는가에 대한
확실한 기준이 서 있어야 한다.
불필요하거나 부적절한 접촉을 해서 상대방을
감정적으로 억압한다면 그것 때문에 상대방은
당신에게 부정적인 인상을 갖게 된다.

KEY
POINT

칭찬에도
상대를 더 기분 좋게 하는
칭찬이 있다

유럽 시골 마을의 성당에 신부님을 도와주는 한 소년이 있었다. 어느 날 소년은 영성체에 쓸 포도주를 옮기다가 떨어뜨리는 실수를 하고 말았다. 그것을 본 신부는 그 즉시 화를 내면서 소년의 뺨을 때리고 소리쳤다.

"빨리 꺼지지 못해! 그까짓 일조차 제대로 못하는 녀석, 다시는 제단 앞에 얼씬거리지도 마!"

질책에 충격을 받은 소년은 그 성당을 떠나게 되었고, 다시는 성당에 가지 않겠다고 다짐했다. 그가 바로 제1차 세계대전 이후 소련 공산당에 입당해서 내전에 참가했고, 그로 인해서 음모혐의로 투옥까지 되었던 유고슬라비아의 티토 대통령이다.

또 다른 성당에도 신부를 도와 심부름하는 소년이 있었다. 그 소년도 소년 티토와 똑같은 실수를 저질렀다. 하지만 신부님은 그에게 다른 말을 해주었다.

"너무 걱정하지 않아도 돼. 넌 앞으로 훌륭한 신부가 될 거야. 나도 어렸을 때 그런 실수를 한 적이 있단다. 그런데 지금은 이렇게 신부가 되어 있지 않니?"

그 소년은 후일 사제로 또 주교로 서품을 받고 수십 년간 라디오와 텔레비전 강연을 통해 사람들에게 큰 감명을 주면서 '최우수 TV방송인' 부문에서 에미상을 수상한 풀턴 대주교다.

낭만주의 화가이자 작가인 윌리엄 블레이크는 말했다.

"칭찬은 다른 무엇보다도 가장 훌륭한 음식이다."

우리가 먹는 음식은 그대로 우리의 몸을 만든다. 몸에 이로운 음식을 먹으면 몸이 건강해지고, 해로운 음식을 먹으면 몸에 질병이 생기는 등 건강을 해치게 된다. 칭찬이나 격려와 비난은 마치 음식처럼 그대로 그 사람을 만든다. 칭찬과 격려를 먹은 풀턴 대주교는 세상에 선한 영향을 끼치며 사랑을 나누어주었다.

칭찬을 많이 듣는 사람은 세상을 긍정적으로 바라보는 동시에 세상에 긍정적인 영향을 주는 삶을 살게 된다. 반대로 비난을 많이 듣는 사람은 세상을 부정적으로 바라보는 동시에 부정적인 영향을 주는 삶을 살게 된다. 이를 빛과 어둠으로 비유할 수 있다. 칭찬은 환한 빛을 비추는 것과 같아서 생명에 필요한 것을 제공해 만물을 자라나게 하지만, 비난은 어둠 속에서 생명에 필요한 것을 공급받지 못하도록 해 만물이 자라지 못하게 하는 것과 같다.

이처럼 칭찬과 비난은 한 사람의 인생 방향을 극단적으로 갈리게 한다. 그런데 그 칭찬과 비난의 말을 한 사람도 결국은 같은 영향을 받게 된다. 누군가에게 칭찬을 하면 칭찬하는 사람도 그 긍정적인 칭찬의 영향을 받게 된다. 하지만 누군가를 비난하면 비난하는 사람 역시 그 부정적인 비난의 영향을 받게 된다. 내가 한 말은 가장 먼저 내가 듣고, 내가 품은 마음은 가장 먼저 나에게 작용하기 때문이다. 즉, 칭찬과 비난은 받는 사람이나 하는 사람 모두에게 적용된다고 할 수 있다.

러시아 속담에 "큰 소리로 칭찬하고 작은 소리로 비난하라"는 말이 있다. 칭찬을 할 때는 모두가 잘 알아들을 수 있도록 적극적으로 하고, 비난을 할 때는 꼭 필요한 경우에만 남들에게 들리지 않도록 조심해서 하라는 의미다. 칭찬으로 인해서 사람이 긍정적으로 변화하게 되는 동시에 칭찬 받는 사람과 하는 사람은 서로의 관계도 긍정적으로 변하게 된다. 반면 서로 비난하는 사이가 좋은 사이일 수는 없다.

칭찬은 관계를 위한 하나의 중요한 대화법이다. 사람을 만났을 때 먼저 칭찬으로 시작하는 것이 관계의 문을 여는 매우 좋은 방법이다. 사람을 만나면 일단 그 사람에게서 칭찬할 만한 거리를 찾아

보자. 도무지 찾을 수 없어 보이는 사람도 마음을 열고 찾아보면 분명히 그 무언가를 찾을 수 있게 된다. 그것이 바로 상대방에 대한 관심이다.

상대방의 부정적인 면이 눈에 띄더라도 그것을 접어두고 상대방의 긍정적인 점에 대한 언급을 해 보자. 아주 사소한 것이어도 상관없다. "약속시간을 정확하게 지키시네요", "약속 장소의 선택이 정말 탁월하십니다", "스타일이 참 좋으시네요"와 같이 그 순간 자신이 느끼는 긍정적인 점에 대해 말하는 것이다. 그런 말을 들은 상대방은 앞으로 시간을 더 정확하게 지키고, 약속 장소에 더 신경을 쓰며, 의상 스타일을 더 멋지게 하려고 최선을 다하게 될 것이다. 이것이 바로 칭찬으로 인해 한 사람의 잠재력을 깨우는 효과다.

칭찬을 당사자 앞에서 직접 하는 것도 효과가 있지만 제3자에게 하면 그 효과는 배가 될 수 있다. 말은 마치 발이 달려 있는 것처럼 입에서 입으로 돌고 돌아 당사자의 귀에 들어가기 마련이다. 사소한 내용일 수 있지만 "그 사람은 약속을 참 잘 지키고, 약속 장소 선택도 정말 센스가 있는 사람이에요"라는 말이 돌고 돌아서 그 사람 귀에 들어가면 그 사람은 기분이 정말 좋을 것이다. 그리고 그것을 전한 사람 등 여러 사람이 자신에 대해 좋은 말을 했다는 사실에 더 뿌듯해질 것이다. 자신이 없는 자리에서 칭찬을 해준 사람에 대해 더욱 좋은 감정을 갖게 되고, 앞으로 그 사람의 편이 되어 줄 것이다. 주변 사람들 역시 그 자리에 없는 사람을 칭찬한 사람에 대해 긍정적인 평가를 내릴 것이다.

칭찬은 둘만의 만남이든 많은 사람 간의 모임이든 그 만남의 윤활유 역할을 한다. 서로의 관계를 매끄럽게 해주고, 대화를 잘 이어갈 수 있도록 해준다.

나는 나의 글씨체에 대해 늘 만족하지 못했다. 컴퓨터 자판을 주로 사용하기 때문에 글을 직접 쓸 기회가 없기 때문이라고 스스로 위로하기는 했지만 아무튼 아이 글씨체 같은 부분이 있어 글씨를 써야 할 일이 생기면 고민이 되기도 했다. 한번은 은행에서 서류 작성을 하면서 내 이름을 적었는데, 그것을 본 직원이 내가 쓴 글씨를 보고 웃으며 칭찬을 했다. "어머 글씨체가 너무 귀엽고 독특해요." 물론 나는 고객 서비스 차원의 칭찬의 말이라는 사실을 잘 알고 있었다. 하지만 기분이 좋았고, 내 글씨를 다시 한 번 들여다보았다. 그러자 나름 개성적이고 이전과 달리 보기 좋은 것처럼 느껴졌다. 당연히 그 직원에 대해 좋은 인상을 갖게 되었고, 그 후로 은행에 갈 일이 있으면 자연스럽게 그 은행으로 향했다.

칭찬을 할 때 그냥 말만 하는 것보다 행동이 뒷받침되면 더욱 큰 효과가 있다. "멋지십니다"라고 말만 하지 말고, "와, 정말 멋지십니다"라고 하면서 얼굴에 환한 미소를 띠거나 양팔을 벌리는 등의 행동을 하는 것이다. 그렇게 행동을 동반한 칭찬을 할 때 상대방은 그 칭찬을 더욱 가슴 깊이 받아들이게 된다. 무표정한 얼굴로 낮고 작은 음성으로 상대방을 칭찬해 보라. 반대로 환하고 밝은 표정으로 약간 큰 소리로 상대방을 칭찬해 보라. 그 효과는 확연하게 차이가 날 것이다.

칭찬은 되도록이면 구체적으로 하는 것이 효과적이다. 그냥 "멋지십니다"라고 말하는 것은 안 하는 것보다는 낫다. 하지만 구체적인 내용이 없어서 그냥 빈말로 느껴질 수도 있다. 그러나 "오늘 입으신 주황색 셔츠가 정말 잘 어울리시네요"라고 구체적으로 말하면 진심으로 칭찬하는 것처럼 들린다.

또 상대방이 이룩한 결과를 칭찬하는 것도 좋지만 그 결과를 이루기까지의 과정과 노력에 대해 칭찬하는 것은 더욱 좋다. "업무 계획을 세울 때 철저한 모습이 정말 인상적이었어요"와 같은 말이다. 과정과 노력을 칭찬하게 되면 결과와 상관없이 그 사람이 한 모든 것에 대한 칭찬이기 때문에 조건이 없는 말이다. 사람들은 어떤 조건 없이 나를 칭찬해주는 사람을 좋아하게 마련이다. 결과가 좋을 때는 누구나 칭찬할 수 있지만 결과가 좋지 않을 때 칭찬해주는 사람은 많지 않다. 기대하지도 않았을 때 받는 칭찬은 마치 선물을 받은 것 같은 기분을 느끼게 한다.

상대방의 존재 자체에 대해 인정해주는 칭찬이 바로 가장 좋은 칭찬이다. "함께 해주셔서 정말 큰 힘이 되었습니다"는 결과와는 상관없이 당신이 여기에 존재한 그것만으로도 나에게 큰 힘이 되었다는 의미가 담겨 있어 상대방의 존재감을 인정해주고, 자존심을 세워주는 칭찬이다. 사람은 누구나 자신의 존재를 인정받고 싶어 하는 욕구가 있어서 그런 칭찬은 감동을 선사한다.

우리는 누구나 자신의 존재를 조건 없이 인정해주는 사람에게 큰 위로를 받고 마음이 따뜻해지게 된다.

상대방의 존재 자체에 대해
인정해주는 칭찬이
가장 좋은 칭찬이라 할 수 있다.
"함께 해주셔서 정말 큰 힘이 되었습니다"와 같은
칭찬은 결과와는 상관없이 당신이 여기에 존재한
그것만으로도 나에게 큰 힘이 되었다는 의미가 담겨 있어
상대방의 존재감을 인정해주고, 자존심을 세워준다.
사람은 누구나 자신의 존재를 인정받고 싶어 하는
욕구가 있어서 그런 칭찬은 감동을 선사한다.
우리는 누구나 자신의 존재를 조건 없이
인정해주는 사람에게 큰 위로를 받고
마음이 따뜻해지게 된다.

KEY
POINT

침묵은 때로
더 많은 말을
담고 있다

2011년 1월 애리조나 총기 난사 희생자를 위한 추모행사가 열렸다. 그 행사에서 오바마 대통령은 당시 사건으로 희생된 8세 소녀를 추모하며 연설을 하던 중 갑자기 말을 멈췄다. 그러자 사람들의 시선이 일제히 그에게 쏠렸고, 진행요원들은 순간 당황했다. 모두가 숨을 죽이며 그를 바라보았다. 무려 51초 동안 그는 잠시 먼 곳을 응시하기도 하고, 청중을 바라보기도 했지만 아무런 말도 하지 않았다. 하지만 그의 표정과 태도는 연설을 하고 있을 때와 다름없었다. 그는 말없는 연설을 하고 있었던 것이다.

　그 51초간의 침묵은 그야말로 충격이었고, 감동이었다. 이제 막 피어나기 시작한 소녀의 억울한 죽음 앞에서 그 어떤 말이 위로가 될 수 있겠는가. 차라리 51초간의 침묵의 연설이 그 어떤 말보다 큰 위로가 되었을 것이다. 그 침묵의 연설은 국민의 마음을 사로잡았고, 정파를 초월해 큰 지지를 이끌어냈다. 미국의 주요 언론은 그 51초간의 침묵을 근래 최고의 명연설로 꼽았다.

오바마의 침묵 연설은 "능변은 은이고, 침묵은 금이다!"라는 속담을 떠올리게 한다. 특히 "시간을 잘 맞춘 침묵은 말보다도 좋은 웅변이다"라는 말은 그 침묵에 딱 들어맞는다. 꽃봉오리 같은 소녀의 안타까운 죽음에 대해 그 어떤 위로와 애도의 말도 부족했을 것이다. 그러나 침묵 속에서 연설자인 오바마와 청중은 진심 어린 애도의 마음으로 하나가 되었다. 침묵이 진심 어린 마음을 고스란히 대변해주었기 때문이다.

고대 그리스의 수학자이자 물리학자인 아르키메데스는 "말해야할 때를 아는 사람은 침묵해야 할 때도 안다"고 했다. 침묵은 때에 따라서는 백 마디 말보다 더 강력한 설득력을 발휘한다. 또한 많은 상황에서 말과 같은 효과를 갖는다.

인간의 언어는 표현에 한계가 있다. 사실 삶에서 언어로 표현할 수 없는 상황이나 감정들이 많이 있다. 그럴 때 정확하지 않은 말로 표현하기보다는 말하지 않는 것이 억지로 표현하는 것보다 더 강력한 표현이 될 수도 있다.

큰 슬픔을 겪은 사람은 그 어떤 말로도 위로가 되지 않을 때가 있다. 이때는 위로의 말을 건네기보다 가만히 상대방을 바라보자.

귀를 기울이고 상대방이 쏟아내는 슬픔의 말들을 그냥 들어주자. 상대방의 곁에 앉아서 손을 살며시 잡아주거나 등에 손을 얹어서 손의 따뜻한 온기를 담아 위로의 마음을 전해 보자. 섣불리 말로 위로하는 것보다 더 많은 위로가 전달될 것이다.

억울한 일을 당해서 분노하는 사람에게 억울해하지 말라는 말은 전혀 도움이 되지 않는다. 그렇다고 함께 분노하는 것은 더 도움이 되지 않는다. 화 내지 말라는 말은 당신의 행동을 이해할 수 없다는 말로 들릴 수도 있다. 또한 같이 화를 내면 그 화를 더 키워주는 셈이다. 이럴 때는 따뜻한 눈빛으로 그저 말없이 그 사람을 바라보자. 그런 따뜻한 눈빛의 침묵은 그 사람의 분노를 잠재우는 역할을 할 수 있다. 당신의 따뜻한 눈빛의 침묵을 느끼면 상대방은 자신의 깊은 내면을 바라볼 여유를 잠시라도 갖게 된다. 그렇게 생기는 심적 여유로 억울한 마음을 정리할 방도를 찾으려 할 것이다.

침묵은 내가 한 실수나 잘못 때문에 화를 내는 사람에게 특히 효력이 있다. 실수나 잘못을 하면 충분한 설명과 사과를 해야 한다. 설명과 사과를 충분히 했다고 생각되면 그 이후에는 침묵하는 것이 좋다. 변명이나 합리화하는 말을 계속하면 상대방의 화를 더 돋울 뿐이다. 대신 용서를 구하는 온화한 표정으로 침묵하면서 상대방을 바라보자. 그런 침묵 속에서 상대방은 길게 화를 내지 못하고 점차 흥분된 마음을 가라앉히게 된다. 당신의 침묵에 상대방의 화가 흡수되는 것이다.

말을 많이 하는 것은 내면의 불안한 심리 때문인 경우가 많다. 청중 앞에서 조금도 쉬지 않고 자신이 준비한 내용을 속사포처럼 쏟아내는 강연자를 본 적이 있을 것이다. 그러면 듣는 사람들은 생각할 여유가 없어지고, 얼마 지나지 않아 집중력이 떨어지면서 강의가 머릿속에 잘 들어오지 않는다.

또 평소에 다른 사람에게 말할 틈을 주지 않고 혼자서 계속 떠드는 사람들이 있다. 그것은 계속 말하지 않으면 듣는 사람에게 어떤 틈을 보일 것 같은 두려움 때문에 말을 계속하는 것이다.

하지만 듣는 사람은 그 내용을 소화하고 소통할 시간이 필요하다. 말을 일방적으로 계속 들으면 숨을 쉬지 않는 것과 같다. 숨을 쉬지 않으면 결국은 혼미해지고 죽게 된다. 문장과 문장 사이, 단락과 단락 사이에는 약간의 쉴 공간을 둬야 한다. 중요한 말을 하기 전에는 몇 초간 듣는 사람을 한번 둘러본다면 듣는 사람의 집중력과 기대감을 한꺼번에 끌어올릴 수 있다.

대화를 할 때 할 말이 많아도 가끔은 조용히 있어 보자. 영국 평론가 윌리엄 해즐릿은 대화의 기술에 대해 이렇게 말했다.

"대화에서 침묵은 위대한 화술이다. 자기 입을 닫을 때를 아는 사람은 바보가 아니다."

우리는 대화란 말을 하는 것으로 인식한다. 하지만 입으로 하는 말뿐만 아니라 제스처, 자세, 의상 등으로도 얼마든지 의사소통을 할 수 있다. 침묵 역시 의사소통의 한 방법일 뿐 아니라 때로는 말보다 더 강력한 메시지를 전달하기도 한다.

침묵은 인격의 시금석이며 입으로 할 수 있는 최대의 미덕이라고도 한다. 철학자 루소는 다음과 같이 말했다.

"아는 것이 없는 사람일수록 말하기를 좋아하고, 아는 것이 많은 사람일수록 침묵을 지킨다. 적게 아는 사람은 자신이 알고 있는 모든 것이 중요하다고 여겨 주변 사람들에게 말하려고 한다. 반면 많이 알고 있는 사람은 아직도 모르는 것이 많다고 생각하기 때문에 정말 말을 해야 하는 경우나 질문을 받을 때 이외에는 말을 아낀다."

사람들은 내가 말수가 적은 사람이라고 평가한다. 비교적 침묵을 잘하기 때문이다. 나는 사실 아는 것이 없어서 말을 하지 않는 경우가 많은데 사람들은 그런 나를 똑똑하고 지혜롭게 여기는 때가 적지 않다. 많이 알기 때문에 쓸데없이 말을 많이 하지 않는 것이라고 여기는 듯하다. 그래서 내가 말을 하면 사람들은 내 말에 더 집중하고 믿어주는 경향이 있다. 평소 내가 말을 아끼는 효과라 할 수 있다.

말은 사람에게 상처를 주기도 한다. 말 한마디 잘못해서 몇십 년 동안 이어진 좋은 관계가 일순간 무너지고 서로 돌아서는 것을 어렵지 않게 볼 수 있다. 또한 말을 많이 하면 실수할 가능성도 높아진다. 미디어 매체가 다양화되고 1인 미디어 시대가 되면서 말을 잘하는 것은 미덕이 되고 자신을 드러내는 것이 곧 경쟁력이 되었다. 그러나 그에 비례해 말 한마디로 대중의 적이 되고 사회에서 매장되는 경우를 수없이 보게 된다.

적절하게 침묵하는 사람이 진정으로 성숙한 사람이다. 반대로 침묵하지 못하는 사람은 미성숙한 사람이다. 어떤 상황에서도 침묵할 수 있는 사람은 내면이 단단한 사람이다. 그런 사람은 주변의 세찬 바람에도 굳건하게 서 있는 크고 강한 나무와도 같다. 당신의 침묵을 통해 상대방은 당신의 내면에 있는 견고함이 느껴질 것이다. 사람들은 그런 사람을 신뢰하고 의지하고 싶어 한다.

침묵은 때에 따라서는 백 마디 말보다
더 강력한 설득력을 발휘한다.
또한 많은 상황에서 말과 같은 효과를 갖는다.
큰 슬픔을 겪은 사람에게는 침묵하고
상대방이 쏟아내는 슬픔의 말들을 그냥 들어주자.
또 억울한 일을 당해서 분노하는 사람에게는
동조의 말을 하기보다 따뜻한 눈빛으로 말없이 바라봐주자.
또한 침묵은 내가 한 실수나 잘못 때문에
화를 내는 사람에게 특히 효력이 있다.
실수나 잘못에 대해 충분한 설명과
사과를 한 뒤에는 침묵하는 것이 좋다.
"능변은 은이고, 침묵은 금이다!"

KEY
POINT

따뜻한 분위기는
어색함을 허무는
효과가 있다

〈사이언스〉에 예일 대학교 연구진의 '첫인상을 좌우하는 것은 사람의 신체 컨디션'이라는 흥미로운 연구 발표가 실렸다. 이 팀은 "손의 온도를 따뜻하게 만들어주면 좋은 인상을, 차갑게 만들면 부정적인 인상을 심어주게 된다"고 밝혔다.

실험에서 한 팀에는 실험 참가자들에게 따뜻한 커피를, 다른 한 팀에는 차가운 커피를 손에 들고 똑같은 사람을 바라보게 했다. 그런 다음 첫인상에 대해 물어보았더니 따뜻한 커피를 들고 있던 팀에서는 "성실하고 관대해 보인다"라고 대답했고, 차가운 커피를 들고 있던 팀에서는 똑같은 사람에 대해서 "이기적이고 예민해 보인다"라고 대답했다.

또 다른 실험에서는 실험 참가자들에게 핫패드를 든 상황과 아이스패드를 든 상황에서 친구를 배려할 때 어떤 차이가 있는지를 살펴보았다. 그 결과 핫패드를 들었을 때는 자신보다 친구에게 더 양보를 했지만, 아이스패드를 들었을 때에는 친구보다 자신을 먼저 챙겼다.

몸이 따뜻해지면 마음 역시 따뜻해지게 된다. 몸과 마음은 서로 연결되어 있기 때문이다. 어떤 사람을 만났을 때 악수를 하기 위해 손을 잡았는데 그 사람의 손이 부드럽고 따뜻하다면 어떤 느낌이 드는가? 그 손의 따뜻함은 나의 손으로 전해지고 그것은 나의 마음을 따뜻하게 감싸게 된다. 그러면 따뜻한 느낌이 들면서 좋은 인상을 받게 된다.

물리적인 환경은 대화하는 사람들의 감정에 많은 변화를 주게 되고, 만남의 결과에도 영향을 미친다. 그래서 약속 장소를 정할 때 환경적 요소를 고려하는 것이 좋다. 만남의 목적과 이유에 따라 환경적 요소는 달라져야 하겠지만 사람이 만난다는 자체가 일단 좋은 결과를 기대하는 것이므로 차가운 느낌보다는 따뜻한 느낌을 주는 분위기의 공간이 좋다. 따뜻한 기운이 느껴지는 인테리어 소품이나 그림, 또 조명 등으로도 충분히 따뜻한 느낌을 받게 된다.

만약 모임 장소의 온도를 조절할 수 있다면 실내 온도는 20도 정도를 유지하는 것이 좋다. 물론 모임의 성격에 따라 조금씩 차이가 있겠지만 일반적으로 그 온도에서 사람의 피부는 적당히 긴장하고 깨어 있는 상태가 된다. 그보다 온도가 낮으면 피부의 모공이 닫히면서 자연스럽게 마음도 닫히게 된다. 반대로 온도가 그보다 높으면 피부의 모공이 느슨해지면서 정신 집중이 힘들어지게 된다. 사람이 느끼기에 편안한 최적의 온도의 환경 속에서 사람의 마음과 정신이 가장 잘 기능할 수 있게 된다.

아주 더운 여름이 아니라면 음료나 음식도 차가운 것보다는 따뜻한 것이 도움이 될 때가 많다. 첫 만남이나 소개받은 지 얼마 안 되는 이성과 더 빨리 좋은 관계를 시작하고 싶다면 따뜻한 음료수를 마시는 편이 좋다. 아이스커피보다는 따뜻한 커피나 차를 시키고 또 상대방에게 권해서 함께 따뜻한 온도를 느낀다면 서로의 마음이 열릴 가능성이 높아지게 된다.

자리도 따뜻한 분위기를 연출할 수 있는 위치가 있다.

낯선 지역으로 이사를 갔을 때의 일이다. 병원을 정해야 했기에 동네 사람에게 어디가 좋은지 물어보았다. 한 개인병원의 이름을 말하면서 그 병원이 가장 좋다고 했다. 또 다른 사람에게 물어보았는데 똑같은 대답을 했다. 어느 날 병원에 가야 할 일이 생겨 추천받은 그 병원으로 갔다. 특별해 보이지 않는 평범한 병원이었다. 내 차례가 되어 진료실로 들어갔다. 내가 문을 열고 들어가자 자신의 책상에 앉아 있던 의사는 앉은 채 바퀴가 달린 의자를 끌고 바로 내 앞으로 와서 앉았다. 우리 사이에는 아무런 벽이 없었다. 그리고 성의 없이 잠깐 듣고 처방을 내리는 진료가 아니라 나의 말을 꼼꼼히 듣고 자세하게 말해주는 굉장히 성의가 담긴 진료였다. 사람들이 그 병원을 적극적으로 추천한 이유를 알 수 있었다.

자리의 선택에 있어서도 서로의 벽을 허물 수 있는 방법이 있다. 보통 사람과 사람이 만나게 되면 탁자를 사이에 두고 마주 앉게 된다. 그러면 내내 상대방과 시선을 마주쳐야 하는 부담감을 갖게 된다. 그 부담감은 마음을 여는 데 방해가 된다. 자칫 어색하거나 내내 신경이 쓰여 신경이 날카로워질 수 있다. 만약 대화가 끊기면 더욱 예민해지게 되는데, 이는 어떤 말이든 해야 한다는 압박감을 느끼기 때문이다.

그래서 탁자에 마주 앉는 대신에 탁자 모서리를 사이에 두고 약간 측면으로 앉으면 좋다. 그러면 시선이 마주치기도 하지만 시선을 다른 곳에 둘 수도 있어서 잠깐이지만 대화 중 휴식을 할 수 있어 대화가 훨씬 부드럽게 진행될 수 있다. 만약 상대방과 친밀한 관계 속에서 허심탄회하게 대화를 나누고 싶다면 탁자 없이 마주 앉는 것이 좋다. 단, 이는 상대방과 어느 정도 가까운 관계라는 전제 조건이 있다. 만약 그렇지 않다면 상대방의 허락을 받아야 한다.

네모난 탁자보다는 원형 탁자가 서로의 관계를 더욱 부드럽게 한다. 그래서 최고경영자의 업무실에는 두 개의 탁자가 있는 경우가 많다. 사무적인 일을 처리할 때는 네모난 탁자에서, 좀 더 가깝게 친밀하고 긴밀한 대화를 나눌 때는 원형탁자에서 미팅을 하는 것이다. 네모난 탁자에서는 서열이 존재하기 쉽지만, 원형 탁자에서는 서로 동등한 분위기에서 대화가 진행될 수 있다. 그래서 원형 탁자가 서로의 마음을 더 열 수 있는 분위기를 조성한다.

만약 한 공간에서 의자에 앉아서 대화를 나누는데, 서로의 의견이 일치되지 않고 대치되는 상황이 계속 이어진다면 그 자리에 앉아 있기보다 다른 공간으로 이동해 함께 걸으며 대화를 나누는 것이 바람직하다. 정원이 있는 카페라면 정원을 잠깐 걷거나, 회사라면 회사 정원을 잠깐 걸어도 좋다. 걷게 되면 앉아 있을 때보다 사고가 더 유연해지고 융통성이 생기게 된다. 또 걸으면 같은 곳을 바라보게 되어 심리적으로 같은 결론에 도달할 가능성이 보다 높아지게 된다.

연인과 이별을 하거나 누군가와의 관계를 정리해야 할 때가 있다. 그럴 때는 넓은 들판이나 바다 등 자연을 바라보면서 작별의 대화를 나누는 것이 좋다. 앞에 놓인 지평선이나 수평선, 시원하게 펼쳐진 바다와 들을 보면서 슬픈 작별에 대해 이야기하면 안 좋은 상황이지만 되도록 긍정적으로 받아들이는 여유를 갖게 된다.

우리는 관계 속에서 존재 의미를 갖기에 상대와의 마지막 시간까지 따뜻하게 마무리할 수 있는 배려하는 마음을 가져 보자.

물리적인 환경은 대화하는 사람들의
감정에 많은 변화를 주게 되고,
만남의 결과에도 영향을 미친다.
중요한 만남이나 모임이라면 공간의 분위기,
온도, 음식 등 모든 요소를 차가운 것보다
따뜻한 것을 세심하게 선택하면 좋다.

KEY
POINT

제4장

피하면 결과에 도움이 되는
대화의 기술

좋은 내용도
높은 톤으로 말하면
자극적으로 들릴 수 있다

존경받는 성직자들의 말을 들어보면 거의 모두 목소리의 톤이 높지 않다. 그들은 약간 낮고 느린 톤으로 말하는데 듣는 사람들이 안정감과 평온함, 따뜻함을 느끼게 된다. 이는 그들의 내면이 안정감 있고 깊이가 있기 때문에 그것이 말을 통해서 드러나는 것이다.

그 반대의 경우를 생각해 보자. 소리를 높여 말하는 사람들이 있다. 그런 사람들 대부분은 내면이 불안하고 감정이 불안정하다. 그 불안함이 말을 통해 표출되는 것이다. 그런 사람 곁에서는 평안함이 느껴지지 않고 따뜻함을 느낄 수 없다.

말의 톤은 말하는 사람의 감정 상태를 드러낸다. 톤이 높다는 것은 그 사람의 내면이 여러 가지 이유로 요동치고 있음을 의미한다. 특히 화를 낼 때 소리를 높이는 이유는 마음속의 불만을 표출하려는 의도 외에도 내면의 두려움에서 자신을 보호하려는 심리가 있다.

아무리 좋은 의도로 말을 한다고 해도 일단 말의 톤이 높으면 상대방은 자칫 말한 의도를 잘못 받아들이거나 오해할 수 있다. 상황에 따라서는 과장하는 것처럼 들리기도 하고, 화를 내는 것처럼 느껴지기도 한다. 그런 사람에게는 친밀함이 느껴지기 어렵다. 반면 깊고 낮은 톤은 안정감과 편안함을 느끼게 해준다. 물론 친절한 태도가 동반될 때 그렇게 느껴진다.

"목소리 큰 놈이 이긴다"라는 말도 있듯이, 사람들은 보통 목소리가 커야 이긴다고 생각한다. 일단 목소리가 크고, 톤이 높으면 상대방을 제압할 수 있다고 여기기 때문이다. 이는 그 내면을 들여다보면 자신감이 없기 때문에 소리로 자신의 힘을 나타내려고 하는 것이다. 설사 목소리가 커서 그 상황에서 모든 사람이 자신의 말을 듣는 등 자신이 이겼다고 생각할 수 있다. 그러나 사람들은 그런 사람을 될 수 있으면 피하고 싶어 한다.

고객이 찾아와서 "이 물건 환불해 주세요!"라는 말을 했다고 하자. 어떤 톤으로 말했느냐에 따라 완전히 다르다. 조용히 말을 했을 때와 톤을 높여서 했을 때 그 말을 듣는 사람의 느낌은 완전히 달라진다. 말의 내용은 똑같지만 그 효과와 반응은 완전히 달라질 것이다. 말의 목적, 즉 설득이나 정보 제공, 내용 전달 등은 소리가 크거나 톤이 높다고 더 잘 이루어지는 것은 아니다. 오히려 상대방을 당황하게 만들거나 화를 돋울 수 있다.

말의 톤이 높아지는 상황의 대부분은 말하는 사람이 화가 났을 때다. 일단 화를 내면 그 화의 표현 때문에 또는 지금의 상황에 대해 기분이 나빠지는 바람에 말의 톤이 높아진다. 하지만 말의 톤을 높이면 상황도 나빠지고, 관계도 나빠진다. 그런 상황에서는 논의나 타협보다는 서로 내가 옳고 당신이 틀리다는 감정적인 다툼만 일어날 뿐 어떤 해결책도 나올 수가 없다.

상대방이 목소리를 높여 화를 낸다고 해서 자신도 똑같이 행동하면 전혀 도움이 되지 않는다. "환불해 드릴 수 없습니다!"라고 똑같이 목소리를 높이면 상대의 화는 더욱 불타오르게 된다. 그럴 때는 상대방의 부정적인 감정에 끌려가지 말고 긍정적인 감정으로 상대방을 이끌어야 한다. 그것이 바로 이기는 화법이다.

화를 내면서 목소리를 높이는 사람은 스스로도 자신이 계속 그런 상태가 되기를 원하지 않는다. 그런 사람은 자제력이 없어서 가라앉힐 방법을 모르거나 화를 먼저 냈다가 자존심 때문에 태도를 바꾸지 못하는 경우가 많다. 그래서 누군가 화를 가라앉혀주는 것이 제일 좋지만 그렇다고 설득을 하려고 하면 화만 더 키울 뿐이다. 이미 화가 난 사람은 자신이 옳다고 생각하기 때문에 자신의 기준으로 만족하지 않으면 물러서려고 하지 않는다.

그런 사람에게 장황한 변명이나 설명보다 우선 그 사람의 말을 끝까지 들어주는 행동이 필요하다. 목소리를 높이는 이유는 자신의 상태가 이러하니 지금의 상태를 이해해달라는 것이기에 누군가 경청하고 자신을 이해해주고 있다는 느낌을 받으면 대부분 저절로 수그러든다.

그러나 그냥 듣는 것만으로는 해결되지 않는다. 경청과 더불어 공감을 표현하는 것이 좋다. "네, 그러시군요", "아, 그러셨군요", "네, 잘 알겠습니다", "정말 많이 불편하셨겠어요", "왜 화가 나셨는지 알겠습니다", "저라도 화가 났을 겁니다" 등 상대가 화난 이유를 충분히 알겠다는 표현을 해주면 화가 누그러들게 된다.

자신의 마음을 제대로 정리하지 못한 채 그저 화를 내면서 말의 톤을 높이기에 급급한 사람도 있다. 그런 사람에게는 적당한 부분에서 "그러니까, 제가 이해하기로는 ……인 것 같습니다. 맞나요?"라고 말을 정리해주면 좋다.

내가 실수하거나 잘못해서 상대방이 화가 난 경우에는 사과를 분명하게 하면 매끄럽게 정리될 수 있다. "불편을 끼쳐 드려 죄송합니다", "불쾌하셨다니 정말 사과드립니다", "죄송합니다. 제가 실수를 했습니다" 등 나의 잘못을 인정하고 상대의 기분을 풀어주는 말을 해야 한다.

이렇게 하면 화를 내지 않고 소리도 높이지 않으면서 상대방을 조용히 제압하게 된다. 말을 들어주고, 공감하고 이해해주고, 사과를 하는데 상대가 계속 소리를 높여 말한다면 그가 문제가 있는 사람이다. 상대의 화에 말려들지 않고 따뜻하게 말하는 사람이 결국 모든 상황에서 이기게 된다.

목소리가 높아지는 상황을 평정의 상황으로 만들었다면 마이너스 상황을 영의 수준까지 끌어올린 것이라 할 수 있다. 여기서 멈추어서는 안 된다. 이제부터 영의 수준에서 플러스의 수준으로 끌어올려야 한다. 따뜻한 사람은 관계를 영의 수준에서 끝나게 하지 않고 한 단계 더 끌어올린다.

상대방의 화가 어느 정도 풀리고 말의 톤이 평상시처럼 되었다면 이제 화를 낸 상황에 대한 해결방안을 제시한다. "무엇이 문제인지 살펴보겠습니다", "이렇게 해드려도 괜찮겠습니까!" "죄송합니다. 그 문제를 곧 해결하도록 하겠습니다", "해결방법을 긍정적으로 의논하겠습니다"라고 신뢰를 심어줄 수 있는 말을 건네며 해결방안을 제시하는 것이다.

반대로 내가 화가 나거나 흥분해서 말의 톤을 높이게 되는 상황이 온다면 어떻게 하는 것이 좋을까?

잠시 시간의 간격을 두는 것이 좋다. 일단 대화를 멈추고, 그 상황이 벌어지는 장소를 피하는 것이 좋다. 화장실에 가서 손을 씻거나 바깥으로 잠깐 나가서 시원한 공기를 마셔도 좋다. 일단 그 자리를 떠나는 것만으로도 마음의 여유가 생기고 진정할 시간을 벌

수 있다. 시간적인 여유가 된다면 잠깐 산책을 하는 것도 좋다. 그래도 안정이 되지 않으면 차라리 다른 시간에 다시 약속을 잡는 편이 낫다.

화가 나서 소리를 높이는 상황에서는 생각의 문도 닫혀버린다. 그러나 마음과 흥분을 가라앉히면 생각의 문은 다시 열리게 된다. 상대방과 그 상황을 어떻게 이해해야 하는지에 대해 생각이 떠오르고 그 상황을 대처할 수 있는 여유가 생긴다.

그 장소를 잠시 떠날 수도, 시간의 여유를 낼 수도 없는 상황이라면 어떻게 하는 것이 좋을까?

숨을 크고 깊게 들이마셨다 내쉬기를 반복해 보라. 호흡을 하면서 마음의 흥분을 일단 가라앉히도록 한다. 말의 톤이 올라가는 것 같으면 일단 깊은 호흡으로 톤이 올라가는 속도를 차단하자. 그러면 자연스럽게 마음은 평정을 되찾게 된다. 그렇게 되면 이전보다 해결의 실마리가 좀 더 보이면서 더 나은 분위기에서 대화가 오갈 수 있다.

아무리 좋은 의도로 말을 한다고 해도
일단 말의 톤이 높으면 상대방은 자칫
말한 의도를 잘못 받아들이거나 오해할 수 있다.
상황에 따라서는 과장하는 것처럼 들리기도 하고,
화를 내는 것처럼 느껴지기도 한다.
그런 사람에게는 친밀함이 느껴지기 어렵다.
반면 깊고 낮은 톤은 안정감과
편안함을 느끼게 해준다.

KEY
POINT

시선을 외면하는 것은
마음을 닫는다는
의미로 보인다

명상을 할 때면 늘 눈을 감고 하게 된다. 왜 그럴까? 눈을 감으면 세상이 내 앞에서 사라져 외적 환경에 영향을 받지 않고 나 자신에게 집중하기 쉽기 때문이다.

눈을 뜨고 외부 세상을 본다는 것은 그것과 어떤 방식으로든 소통을 한다는 것이다. 나 이외의 그 무엇과 소통하고 있는 동안에는 나 자신에게 집중하기가 어려워진다. 눈을 뜨고 본다는 것은 단지 사물과 사람을 본다는 것 이상의 의미가 있다. 그것들과 끊임없이 소리 없는 대화를 하고 있는 것이다. 소리 없는 말은 소리로 표현하는 것보다 더 깊은 정신세계와의 소통이다. 그래서 눈을 영혼의 창이라고도 한다. 어떤 사람이 말을 할 때 그 사람의 눈을 깊이 들여다보면 그것이 진실인지 아닌지 느낄 수 있다.

사람은 진실을 말하지 않을 때 일단 눈동자가 보통 이상으로 흔들리고, 눈썹이 평소보다 더 움직이게 된다. 입의 말과 거짓을 알고 있는 정신이 일치가 되지 않기 때문이다. 말을 일부러 꾸미거나 포장하려다 보니 심리적 불안감이 생기고, 그것이 얼굴에 나타나는 것이다. 대화를 하는데 상대방이 그런 표정을 짓는다면 그 말의 신빙성을 의심해 볼 필요가 있다. 또 의도적으로 표정에 대해 생각하지 않아도 우리는 자연스럽게 그것을 느낀다.

또한 거짓을 말할 때 상대방의 시선을 외면하려는 경향이 있다. 입의 말보다 더 솔직한 정신은 그것이 거짓임을 알기 때문에 눈이 그 순간을 모면하려고 하는 것이다. 우리는 상대방의 그런 행동에 그의 말이 거짓임을 느끼게 된다.

또 당황스러운 상황을 만나거나 피하고 싶지만 피할 수 없는 상황에 놓이면 눈을 자주 깜빡이게 된다. 긴장되는 상황에 처하면 특히 그런 경향이 있다. 이는 심리적으로 자신의 눈을 감아버림으로써 자신 앞에 놓인 상황을 잠시나마 피하고자 하는 것이다. 갈등 상황에서 "나 더 이상 당신과 얘기 안 할 거야"라고 말하며 의자에 깊숙이 앉아 눈을 감아버리는 경우가 있다. 이 역시 눈을 감아서 앞에 놓인 상황을 자신으로부터 사라지게 하고자 하는 심리다.

이렇듯 눈은 마음과 정신에서 일어나고 있는 많은 것을 이야기해주고, 이는 사람들과의 소통 속에서 이루어진다. 눈은 말보다 더 진실된 말을 해주지만 우리는 말을 통한 소통을 어떻게 해야 하는 지에는 관심이 많지만 시선을 통한 소통을 어떻게 해야 하는지에 대해서는 별로 관심을 갖지 않는다. 시선에 대한 이해가 있다면 의 사소통과 관계 속에서 많은 오해와 갈등을 풀어나갈 수 있을 뿐 아 니라 서로 따뜻한 관계를 만들어가는 데 큰 도움이 될 수 있다.

사람을 볼 때 가장 먼저 보거나 보이는 부분은 바로 얼굴이다. 얼굴은 한 사람을 대표하는 부분이다. 사람의 얼굴을 보고 그 사람 의 많은 것을 읽을 수 있다고 하는 이유는 얼굴을 통해 내면에 있 는 개성이 바깥으로 드러나기 때문이다.

얼굴 표정은 그 사람의 마음 상태와 감정을 나타낸다. 사람의 희 로애락이 표정에 담겨 나타나는 것이다. 슬픈 감정을 갖고 있으면 슬픈 표정을, 기쁜 감정을 갖고 있으면 기쁜 표정을 짓게 된다. 사 람의 깊은 속은 제대로 알 수 없기 때문에 얼굴에 나타난 표정을 통해 그 사람의 내면을 들여다보게 된다.

또한 얼굴 표정은 주변 사람들에 대한 생각과 느낌을 나타내준 다. 반가운지, 좋은지, 싫은지, 지루한지 등은 얼굴에 적나라하게 나타나며 우리는 그것을 통해 상대방을 읽을 수 있다. 특히 상대방 에 대한 기대감은 표정에 그대로 나타나게 된다. 또한 상대방이 긍 정적으로 받아들여주기를 바라는지, 아니면 간섭하지 않았으면 하 는지 등이 얼굴 표정에 그려져 있다. 그런 표정을 통해 상대방이 무엇을 바라고 있는지를 알게 되고, 상황을 판단하면서 자신의 행동을 결정하게 된다.

사회생활에서 표정을 상황과 상대, 관계에 따라 제대로 잘 짓는 것도 꼭 갖추어야 할 능력이다. 상대방의 관심과 주의를 이끄는 능력이고, 관계 형성에 필수적인 능력이기 때문이다. 또한 상대방의 표정을 제대로 읽는 능력도 커뮤니케이션에서 꼭 갖추어야 할 필수적인 요소다. 표정을 잘 읽을 수 있다면 상대방이 대화에서 미처 하지 못한 말이나 숨겨둔 생각을 좀 더 잘 알게 된다.

말의 내용과 표정이 맞게 되면 일단 신빙성과 설득력을 갖는다. "안녕하세요. 만나서 반가워요"라고 말하면서 환하게 웃으면 정말로 반긴다는 느낌을 받는다. 반대로 얼굴이 어둡다면 정말 반가운 것인지 의문이 들게 된다. 설득력이 떨어지는 것이다.

얼굴의 표정 중에서 가장 중요한 것이 눈의 표정이다. 사람은 누군가를 만났을 때 제일 먼저 서로의 시선을 마주치게 된다. 의사소통의 첫 번째 단계는 말이 아니라 '시선 접촉'이다.

사람을 만나 대화를 나누게 되면 일단 따뜻한 표정을 지으며 상대방과 시선을 마주치는 것이 관계의 매너다. 특히 상대방이 말을 하고 있을 때는 상대방과 시선을 맞추면서 듣고, 말을 할 때도 상대방에게 시선을 맞추어야 한다. 물론 계속적으로 시선을 마주치고 있으면 상대방과의 관계에 따라서는 부담감을 느낄 수도 있기 때문에 자연스럽게 시선의 방향을 잠깐씩 바꾸어주는 센스가 필요하다.

대화를 하면서 상대방에게 시선을 두지 않고 말하게 되면 상대방은 불편함을 느낄 수 있다. 자신의 말을 잘 듣고 있는지, 대화를 계속 하고 싶은 것인지 등에 신경이 쓰여서 대화가 매끄럽게 이루어지지 않는다. 대화의 목적을 잘 이루지 못할뿐더러 그런 사람에 대한 이미지는 그리 좋게 남지 않는다. 그래서 혹시 내가 나의 의도와는 상관없이 습관적으로 시선을 마주치지 못하는 것은 아닌지 점검해 볼 필요가 있다. 그리고 의도적으로 상대방의 눈을 바라보면서 대화하는 연습을 할 필요가 있다.

그러나 상대방의 눈을 지나치게 똑바로 보면서 대화를 한다면 상대방은 어떤 결정을 강요받는 느낌을 받을 수 있다. 경우에 따라서는 계속적인 시선 접촉은 상대방에게 큰 부담을 주어 도리어 역효과가 나게 된다. 너무 똑바로 쳐다보면 상대는 부담스럽고 심지어 반감이 생겨 대립관계가 형성될 수도 있으니 의도적으로 시선을 잠깐씩 피하는 것이 좋다. 잠시 서류를 보거나 마시던 찻잔에 잠시 시선을 돌려도 좋다.

시선 접촉에서 남녀의 차이가 있음도 이해할 필요가 있다. 여성들은 남성보다도 상대방에 대한 관심과 집중을 표현하기 위해서 시선 접촉을 잘 하는 편이다. 여성끼리 서로 바라보는 것은 상대방에 대한 관심과 편안함을 표현하기 위해서다. 반면, 남성은 서로 시선 접촉을 잘 하지 않는다. 설령 시선 접촉을 하더라도 여성보다 접촉 시간이 짧다. 남성끼리 시선 접촉을 길게 한다면 서로 대립이나 경쟁하는 사이일 가능성이 높다. 서로 기선을 제압하려는 무의식의 심리가 표출되는 것이다.

오랫동안 독일에서 생활한 경험이 있어 나는 시선 접촉에 익숙한 편이다. 독일에서는 말할 때 항상 눈을 마주친다. 서양 사람들은 우리나라보다 시선 접촉을 길고 강하게 하는 편이다. 만약 시선을 마주치려고 하는데 그 시선을 외면하면 큰 결례가 된다. 그리고 부정적인 의미로 받아들인다. 그래서 외국인을 만나면 시선 접촉을 잘 해주는 태도가 필요하다.

그런데 독일에서 돌아와 한국에서 일과 관련해서 한 기업의 직원과 미팅할 일이 있었다. 그 직원과 30분 정도 대화를 하고 헤어졌는데 이후 제3자를 통해 그 직원이 한 말을 전해 듣게 되었다. 여성인 내가 눈을 내내 마주치고 말하는 바람에 자신도 어쩔 수 없이 눈을 마주치면서 대화를 했는데 너무 힘들었다고 토로했다고 한다. 그는 지금까지 누군가와 오랫동안 눈을 마주치면서 길게 대화를 나눈 경험이 없었던 것이다. 그래서 눈을 마주치면서 말하되 상대에 따라서 강도나 시간을 조절할 필요가 있다.

시선 접촉은 '저는 지금 당신의 말을 듣고 있습니다' 라는 무언의 말을 하고 있는 것과 같다. 그렇기 때문에 대화를 나눌 때 시선을 외면해서는 안 된다. 설령 내가 상대방의 말을 듣고 싶지 않더라도 시선을 마주쳐주는 행동으로 최소한의 예의를 지키는 자세가 필요하다.

상대방이 말을 잘 할 수 있도록 배려해주는 것도 따뜻한 대화법이라 할 수 있다.

눈은 말보다
더 진실된 말을 해주지만 우리는
말을 통한 소통을 어떻게 해야 하는지에는
관심이 많지만 시선을 통한 소통을 어떻게
해야 하는지에 대해서는 별로 관심을 갖지 않는다.
시선에 대한 이해가 있다면 의사소통과 관계 속에서
많은 오해와 갈등을 풀어나갈 수 있을 뿐 아니라
서로 따뜻한 관계를 만들어가는 데 큰 도움이 될 수 있다.
얼굴의 표정 중에서 가장 중요한 것이 눈의 표정이다.
사람은 누군가를 만났을 때 제일 먼저
서로의 시선을 마주치게 된다.
의사소통의 첫 번째 단계는 말이 아니라
'시선 접촉'이다.

KEY
POINT

말허리를 자르는 것은
무례함을 적나라하게
드러내는 것이다

토론이나 좌담 프로그램을 보면 사회자의 안내에 따라 진행이 비교적 질서정연하게 이루어진다. 물론 사전에 어떤 질문을 어떤 순서에 따라서 한다는 계획이 짜여 있기 때문이기도 하다. 그럼에도 불구하고 사회자의 안내가 매끄럽지 못하거나 이야기의 내용이 심각해지면 서로 말을 하려고 상대방의 말을 막거나, 중간에 자르면서 그 사이를 비집고 들어가는 모습을 볼 수 있다. 그러면 자신의 말허리가 잘리고 발언권을 빼앗긴 사람은 기분이 상하고, 자신도 상대방의 말허리를 자를 틈을 엿본다. 상황이 여기에 이르면 어떤 주제에 대한 건전한 토론이 아니라 감정싸움으로 치닫게 된다.

바람직하지 않은 대화법의 교과서는 바로 정치인들의 국정감사나 토론회다. 어떤 정치인은 상대방의 말은 전혀 경청하지 않고 자신이 하고 싶을 말만 큰 소리로 떠든다. 또 어떤 정치인은 상대방이 말할 때는 상대방을 전혀 쳐다보지 않은 채 고개를 좌우로 흔들거나 실소를 지으며 상대방의 말의 신빙성을 떨어뜨리기 위해 안간힘을 쓴다. 어떤 정치인은 상대방의 말은 무조건 말허리를 자른 다음 욕에 가까운 말투로 자신이 하고 싶은 말을 한다.

사회생활에서 말하는 도중에 끼어들거나 말의 허리를 자르는 행동은 큰 결례라 할 수 있다. 그래서 상대방이 말할 때는 그 말이 다 끝날 때까지 시선 접촉을 하면서 경청하는 자세를 취해야 한다. 상대방이 자신의 말을 마쳤다는 무언의 신체적인 사인을 하거나 나의 말을 듣고 싶다는 의사를 표시하면 그때 비로소 말을 하기 시작하는 것이 예의 바른 행동이다. 서로의 말이 얽히고설키게 하지 않아야 대화는 질서 있고 순조롭게 진행될 수 있다.

내가 생활했던 독일에서는 상대방이 말하는 사이에 절대로 끼어들지 않는 것이 습관화되어 있다. 백화점이나 식당 등에서 종업원이 다른 손님과 말을 하고 있다면 그 중간에 절대로 끼어들거나 말을 걸지 않는다. 종업원에게 하고 싶은 말이 있으면 한 발 떨어져서 기다린다. 그리고 종업원이 다른 고객과 대화를 끝내고 자신에게 향할 때 말을 하기 시작한다. 자신이 말하겠다고 다른 사람과 말하고 있는 사람의 팔을 잡아끄는 등의 행동을 하면 이는 엄청난 결례가 된다.

사람들은 대부분 상대방이 말할 때 듣고 있는 것 같이 행동하지만 실제로는 머릿속으로 여러 가지 다른 생각들을 하고 있다. 자신의 생각에 빠져 있다 보니 그 생각을 말로 쏟아낼 기회만 계속 엿보게 된다. 기회가 생겼을 때 말해야 함에도 불구하고 그것을 참지 못하고 상대방의 말 사이로 파고 들어가서 자신의 말을 하는 사람들이 있다. 상대방의 말허리를 자르고 끼어드는 것이다. 그러면 상대방은 자신이 하고자 하는 말의 맥락이 끊어지고, 자신의 말이 무시당했다는 느낌을 갖는다. 심하면 자신의 말에 대해 공격을 받았다고 느끼게 되고 적대감을 갖게 된다.

우리나라는 모든 게 빠르게 돌아가고 또 사회생활을 하면서 여유 없이 살다보니 남의 이야기를 들어줄 마음의 여유가 없는 사람이 많다. 모임에 가면 남들에게 말할 기회를 주지 않고 남들은 그다지 관심이 없는 자신의 사적인 이야기를 끊임없이 늘어놓으며 대화의 주도권을 독차지하는 사람을 어렵지 않게 볼 수 있다. 사람들이 처음에는 들어주지만 그것이 반복되면 그런 사람을 회피하게 마련이다. 자신은 대화를 할 때 상대의 이야기를 잘 듣지 않고 말하는 도중 이야기를 끊지는 않는지 한번 돌아보라. 만약 그런 습관이 있다면 그것을 인식하고 고칠 필요가 있다.

물론 말의 허리를 잘라야 할 때가 있다. 상대방이 말을 끝맺지 못해서 했던 말을 되풀이하는 경우가 그렇다. 그런 경우라면 말의 허리를 적당한 순간에 잘라줘야 오히려 대화에 도움이 된다. 이때 "그러니까 ○○○ 되었다는 말씀이군요. 정말 힘드셨겠어요"와 같이 상대방이 한 말의 내용을 짧게 요약해서 정리해주면 효과적이다. 또한 상대방의 말을 정리해주면서 공감한다는 표현까지 해주면 상대방은 말허리를 자른 것에 대한 거부감보다는 하고 싶은 말을 다했을 뿐만 아니라 이해를 받았다는 느낌까지 들 것이다.

그런데 상대방이 말하는 도중에 말로 치고 들어가는 것만이 말의 허리를 자르는 행동이 아니다. 상대방이 더 이상 말하고 싶지 않은 분위기를 만드는 것도 말의 허리를 자르는 것과 같다. 상대방이 열심히 말하고 있는데 전혀 반응을 보이지 않거나, 상대방의 눈을 쳐다보지 않고 주변을 두리번거리거나 시계를 자꾸 들여다보면 '당신의 말에 관심이 없다'는 표현이 된다. 또 상대방과의 시선 접촉이 아닌 상대를 계속해서 뚫어지게 쳐다본다면 자신의 생각에 강하게 사로잡혀 있는 경우가 많다.

상대방이 말하는 것을 일단 끝까지 듣는 것이 잘 듣는 태도라 할 수 있다. 말이 끝날 때까지 중간에 말을 잘라버리지 않는 것이다. 그러기 위해서는 나 자신과 내 생각에만 집중하지 말고 상대방과 상대방의 말에 집중해야 한다. 그러면 자연스럽게 말의 허리를 자르는 행동은 하지 않게 된다.

말을 잘 듣는 방법으로 70대 30의 법칙이 있다. 대화의 전체 시간을 100이라고 한다면 상대방은 70의 시간 동안, 나는 30의 시간 동안 말을 하는 것이다. 사람은 말을 많이 하는 사람보다 나의 말을 많이 들어주는 사람을 좋아한다는 사실을 기억하자. 상대방이 말하는 그 70의 시간 동안에 말허리를 자르지 않고, 상대가 말을 잘 할 수 있도록 맞장구를 쳐주는 것이 바람직하다.

맞장구에도 기술이 필요하다. "난 이미 알고 있었어"보다 "네 말이 맞아!"가 더 따뜻하게 느껴진다. "나는 벌써 읽었지"보다 "재미있는 내용이네. 다시 읽어보고 싶네"가 더 친근하게 느껴진다. "난 벌써 갔다 왔어"보다 "거기 정말 좋지 않니? 너 말 들으니까 또 가고 싶어"라고 말하면 대화는 더 활기를 띨 수 있다. 이는 별 거 아닌 말이지만 말하는 사람의 사기를 꺾지 않고 북돋워주는 대화법이다.

대화가 마무리되어갈 때쯤에는 상대방의 말을 한 번 정리해 줌으로써 상대방의 말을 잘 듣고 있었다는 표현을 해주면 좋다. 사람들에게는 자신의 말이 잘 전달되었는지 궁금한 마음이 있다. 그래서 "그렇게 해서 그 일이 잘 처리되었다는 말씀이시죠?" 등 정리해주면 상대의 말을 경청하고 있었다는 표현이 된다.

특히 비즈니스 대화에서는 이런 마무리가 꼭 필요하다. 만일 서로의 대화 중에 오해가 발생한 부분이 있다면 다시 한 번 확인을 해서 바로잡을 수 있는 기회가 생기게 된다.

말을 잘 듣는 방법으로
70대 30의 법칙이 있다.
대화의 전체 시간을 100이라고 한다면
상대방은 70의 시간 동안,
나는 30의 시간 동안 말하는 것이다.
상대방이 말하는 그 70의 시간 동안에
말허리를 자르지 않고,
상대가 말을 잘 할 수 있도록
맞장구를 쳐주는 행동이
바람직한 대화법이다.

KEY
POINT

자신의 의견을
직설법으로 말하면
거부감을 줄 수 있다

우리는 살면서 거절의 말을 해야 할 때가 많다. 거절을 해야 할 때는 당연히 거절을 해야 한다. 거절하지 못하고 끌게 되면 서로 피곤해지고 나중에 크게 후회할 수도 있다. 중요한 것은 어떤 뉘앙스로 표현하는가다. 거절을 할 때 단호하게 거절해버리면 상대는 감정이 상하고 거절한 사람이 불친절하다고 느끼게 된다. 그래서 상대방이 감정이 상하지 않고 거절당했다는 느낌이 들지 않도록 하는 것이 중요하다.

"안 됩니다", "못 합니다", "없습니다"는 상대방의 말에 대한 거절의 의사를 정확하게 전달했을 뿐이지만 상대의 기분을 상하게 할 수 있다. 거절의 말을 하기 전에 "죄송합니다만", "정말 유감스럽지만", "안타깝지만" 등의 말을 넣어 보자. 이러한 말은 내가 거절할 거라는 사실을 미리 알려주고, 상대방으로 하여금 그 말을 들을 준비를 하게 한다. 일단 상대방은 이런 쿠션 역할을 하는 말을 들으면 '못하겠다는 말을 하겠군'이라고 생각하면서 상황을 대략 파악하게 된다. 거절당할 마음의 준비를 하게 되는 것이다. 그런 준비를 하고 나서 거절의 말을 들으면 마치 딱딱한 바닥에 쿠션을 깔고 앉은 것처럼 거절로 인한 마음의 상처를 덜 느끼게 된다.

쿠션의 표현을 할 때 중요한 점은 표정과 말투가 뒷받침되어야 한다는 것이다. 무표정하거나 무뚝뚝하거나 시선을 피하면서 말하면 쿠션 표현은 효과를 보지 못한다. 상대방을 따뜻한 눈빛으로 바라보면서 미안하고 안타까운 표정을 지으며 부드러운 말투로 거절한다면 그 거절이 불쾌하게 느껴지지 않을 수 있다.

음식점에서 손님이 피자를 주문했는데 그곳의 사정으로 아직 피자가 준비되지 않은 상황이라고 해 보자. 주문을 받는 종업원은 주문을 거절하는 말을 해야 한다. 그렇다고 그냥 단호하게 "지금은 준비 중에 있어서 피자는 주문을 못 받습니다. 다른 것을 주문하세요"라고 말하면 손님은 피자집에서 왜 피자가 없는지 기분이 나쁠 수 있다. 그러면 그냥 식당을 나가버리고, 다시는 그 식당에 가지 않겠다고 결심할 수 있다. 말투가 퉁명스럽거나 표정과 자세가 불량했다면 감정이 더 상할 것이다. 다른 사람에게 그 식당에 대한 나쁜 평을 하게 될지도 모른다. 종업원으로서는 피자가 없어서 주문을 못 받는다고 있는 그대로 말했을 뿐인데 말이다.

같은 거절이라고 해도 어떻게 말하느냐에 따라 상대의 기분이 완전히 달라질 수 있다. 상대방에게 거절이 잘 받아들여지게 하려면 상대방의 감정이 상하지 않게 하면서 거절의 뜻을 잘 알아듣도록 해야 한다. 이때 'Yes, but' 화법이 도움이 될 수 있다. 거절을 할 때는 일단 긍정적인 표현(Yes)를 한 다음에 다른 대안(but)을 제시하는 것이다. 우선 감정을 누그러뜨린 후에 그 해결책을 찾아주도록 노력하는 것이다.

피자를 주문 받은 종업원이 다음과 같이 말하면 어떨까?

"네, 저희집 피자 중에서도 맛있는 것을 잘 선택하셨네요. 그런데 죄송하게도 피자 준비에 시간이 좀 걸리겠는데, 기다리시겠어요? 아니면 스파게티는 어떠신지요. 저희 스파게티도 인기메뉴거든요."

이렇게 말한다면 고객이 바쁘지 않은 이상 피자를 기다리거나 바로 가능한 다른 메뉴를 주문할 가능성이 높다.

긍정적인 이야기(Yes)를 먼저 하면 상대방의 마음은 긍정적인 방향으로 돌아서게 된다. 긍정적인 표현으로 만들어진 분위기는 사람의 마음을 따뜻하게 한다. 이렇게 따뜻해지면 마음이 열리고 좀 더 넓은 시각으로 상황을 바라보게 된다. 그리고 미처 알지 못했던 상대방의 상황까지 읽게 되면 이해하고 받아들일 수 있게 된다.

'사정이 있어서 피자가 준비되지 않았구나. 스파게티도 맛있는 곳이라니까 그것을 주문하는 것도 나쁘지 않겠는데. 피자는 나중에 또 먹으면 되지' 라는 마음의 여유가 생긴다.

일과 관련된 대화에서도 'Yes, but'의 화법은 유용하게 활용할 수 있다. 상대방의 요구나 의견에 항상 동의할 수는 없는 법이다. 사회에서 특히 일과 관련해서는 거절해야 할 때가 많다. 이때 단호하게 거절하면 상대방에게 상처를 주게 되고 관계가 나빠지거나 앞으로의 일에서 협조를 얻지 못할 수도 있다. 그래서 거절을 하더라도 "네, 그렇게 하는 방법도 좋습니다. 그런데 제 생각을 말씀드리자면……"과 같이 우회적으로 말하는 것이 좋다. 그렇게 되면 거절의 말이어도 상대방은 기분이 덜 상하고 무조건적인 거절은 아니라는 느낌을 받게 된다.

만약 직장에서 상사가 단합의 의미로 점심식사를 한 턱 내겠다고 해서 팀이 중국음식점에 갔다고 하자. 상사가 "여기 자장면이 정말 맛있지. 오늘은 모두 자장면을 먹도록 하지!"라고 했는데 나는 자장면을 먹고 심하게 체한 적이 있어 자장면을 평소 먹지 않아 "저는 짬뽕으로 먹겠습니다"라고 말했다고 하자. 그러면 상사는 자신의 말이 무시당했다는 느낌에 불쾌할 것이고 분위기는 일순간에 찬물을 끼얹은 듯 냉랭해질 것이다. 그러나 "여기 자장면이 정말 맛있다고는 들었는데 오늘 저는 얼큰한 짬뽕으로 시켜도 될까요?"라고 말한다면 내용은 거절의 의미이지만 훨씬 부드러운 표현으로 상대가 기분 나쁘지 않으면서 나의 의견이 수용될 가능성이 높아진다.

상대방에게 자신의 의견을 제시할 때도 단호하고 직설적으로 하는 것은 좋지 않다. 식당에서 식사를 하다 보면 아이들이 뛰어다니거나 시끄럽게 하는 경우를 많이 보게 된다. 그렇다고 아이에게 "이렇게 돌아다니면 안 돼! 좀 조용히 하면 안 되겠니?"라고 말했다고 하자. 물론 공공장소에서 아이를 단속하지 못한 부모의 잘못이 크지만 그 부모의 기분이 상하는 것은 물론이고 혹은 그 부모가 발끈해서 자칫 언쟁이 일어날 수도 있다. 말하는 방식으로 인해서 상대방의 감정을 건드리게 되는 것이다. 이럴 때 상대방의 행동에 대해서 직설적으로 지적하지 말고 돌려서 표현하는 것이 바람직하다. 아이에게 이렇게 말해 보는 것이다.

"식당은 사람들이 식사하는 곳이란다. 돌아다니고 뛰면서 노는 곳이 아니에요."

이 말 속에는 아이들에게 말하고자 하는 내용이 다 담겨 있다. 즉, 이렇게 돌아다니지 말고 자리에 앉아서 식사하라는 내용이다. 하지만 아이들의 행동에 대해 직접적으로 지적하지 않고 사실만을 말했기 때문에 아이들이나 부모의 마음이 덜 상하게 된다.

직설적으로 또는 직접적으로 말하지 않고 간접적으로 말해도 직접적으로 말한 것과 같은 효과를 가져올 수 있다. 직설적으로 말하면 '다 그렇게 행동하는데 왜 나한테만 그래?' 라는 반항심만 불러일으킬 수 있다. 그러나 간접적으로 말하면 공격성이 느껴지지 않기 때문에 상대방은 '그렇긴 하네' 라고 생각하면서 자신의 행동을 교정할 가능성이 높아진다.

상대방의 행동에 대해 직접적으로 말해야 하는 경우가 있다. 그럴 때는 의뢰형이나 질문형으로 바꿔서 표현하면 좋다. "……하도록 부탁을 드려도 될까요?"라는 의뢰형이나 "……하는 방향으로 해주시겠습니까?"라는 질문형으로 말하는 것이다. 이는 상대방의 감정을 상하게 하지 않고도 그 행동에 대한 거절과 명령의 표현을 할 수 있는 방법이다.

특히 거절의 말을 해야 할 때는 상대방이 그 말을 들을 때 어떤 기분이 들지를 먼저 생각해 보자. 즉, 상대방의 입장에서, 상대방의 마음이 되어 먼저 생각을 해 보는 것이다. 그리고 내가 그런 말을 들을 때 어떨지를 생각하면 상대방에게 어떻게 말하고 대해야 할지에 대한 답이 떠오를 것이다. 사람들이 따뜻한 말을 잘하는 사람을 좋아하는 이유는 바로 상대방의 마음을 헤아리고 배려해주기 때문이다.

상대방에게 거절이
잘 받아들여지게 하려면
상대방의 감정이 상하지 않게 하면서
거절의 뜻을 잘 알아듣도록 해야 한다.
이때 'Yes, but' 화법이 도움이 될 수 있다.
거절을 할 때는 일단 긍정적인 표현(Yes)를 한 다음에
다른 대안(but)을 제시하는 것이다.
상대방에게 자신의 의견을 제시할 때도 단호하고
직설적으로 하는 것은 좋지 않다.
상대방의 행동에 대해
직접적으로 말해야 하는 경우가 있다.
그럴 때는 의뢰형이나 질문형으로
바꿔서 표현하면 좋다.

**KEY
POINT**

상대의 감정을
자극하는
'너-메시지' 말투

우리는 눈을 뜨면서부터 자기 전까지 언론매체의 영향을 받게 된다. 그래서 현대인에게 언론매체가 미치는 영향력은 막대하다. 언론매체를 통해 어제까지 무명이던 사람이 그다음 날 전국적 스타가 되기도 하고, 파리가 날리던 식당은 한참을 기다려야 먹을 수 있는 유명 맛집이 되고, 유명 인사가 소개한 책은 그다음 날 갑자기 베스트셀러가 되기도 한다. 그런 만큼 언론매체는 우리 의식을 지배하고 조종할 수 있는 큰 위험도 내포하고 있다.

언론매체에서 똑같은 일을 놓고 자신이 찬성하는 편에서 그 일을 했을 때는 "아주 잘한 일이다"라고 긍정적으로 표현하고, 자신이 반대하는 편에서 했을 때는 "못했다고는 할 수 없다"라는 부정적인 표현을 쓰며 대중을 조종하는 일은 어렵지 않게 볼 수 있다.

그리고 대중은 민감하게 받아들이지 않는 한 쉽게 그 영향을 받게 된다. 자칫 사소하다고 생각할 수 있는 표현이나 말투로도 큰 영향을 줄 수 있는 것이 언론매체다.

'조종을 한다'와 '조종을 당한다'는 기본적으로 상대방을 힘이 센 존재와 약한 존재로 구분한다는 말이다. 힘이 센 사람은 약한 사람을 어떤 식으로 누르게 된다. 의도하지 않아도 힘이 약한 사람은 그것을 느끼게 마련이다. 그런데 의도한다면 그 힘은 더욱 강하게 느껴질 것이다. 힘을 이용해서 약한 사람을 자신에게로 끌어당기려는 행동이 바로 조종하는 행동이다. 행동뿐만 아니라 말에서도 자신의 혀의 힘으로 다른 사람을 조종하려고 한다.

혀의 힘은 말 자체의 힘보다도 그 사람이 가진 총체적인 부분에 부여되는 힘이라고 할 수 있다. 일반적으로 나이가 많은 사람, 직위가 높은 사람, 돈이 많은 사람은 각각 나이가 적은 사람, 직위가 낮은 사람, 돈이 적은 사람보다 힘이 더 있게 마련이다. 또한 가정에서는 남성이 여성보다, 부모가 자녀보다 힘이 세고, 학교에서는 선생님이 학생보다 힘이 세다. 이런 힘의 논리가 작용하면 상대방을 더 쉽게 조종할 수 있게 된다.

힘이 약한 사람은 강한 사람에게 억눌릴 수밖에 없다. 그러나 심하게 억눌리면 살기 위해서 저항한다. 저항하다가 도저히 당할 수 없을 때는 목숨을 끊는 극단적 선택을 하기도 한다. 요즘 '미투 운동'을 비롯해 갑질의 횡포에 대한 '촛불 집회' 등은 지금까지 '힘의 논리'가 지배하며 양산해온 부정부패가 극에 달해 곪아터져 그것을 바로잡기 위한 사회적인 움직임이라고 볼 수 있다.

이렇게 힘을 가하고 저항이 발생하는 사이에서는 따뜻한 관계가 존재할 수 없고 강자들에 대한 약자들의 반감과 불신, 저항만 존재하는 관계가 된다. 이는 지금의 우리 현실이 그대로 보여주고 있다. 인간관계를 해치고, 악영향을 주는 힘의 논리를 없애야 따뜻한 관계, 따뜻한 대화가 가능해진다. 그 속에서 비로소 긍정적이고 발전적인 관계가 형성되는 것이다.

"칭찬은 고래도 춤추게 한다"는 말을 누구나 들어보았을 것이다. 그런데 그 칭찬을 엄밀히 들여다보면 바로 조종한다는 의미다. 칭찬이라는 도구를 활용해서 고래가 춤을 추도록 만들기 때문이다. 칭찬으로 고래가 춤을 추는 것과 사람이 그 칭찬에 반응하는 것은 엄연히 다르다. 사람은 고래보다 더 깊이 생각하고, 판단하고, 행동하는 능력이 있기 때문이다.

자녀가 좋은 성적을 받으면 보통 부모는 기뻐하면서 이렇게 말한다. "이번 성적이 아주 좋네. 참 잘했다. 너가 갖고 싶은 거 말해봐 상으로 사줄 테니까."

이때 자녀는 보통 이렇게 생각하게 된다. '내가 성적이 좋으니까 부모님께서 정말 좋아하시는구나. 앞으로도 열심히 공부해서

좋은 성적을 받아야지. 그러면 또 칭찬해주시고 갖고 싶은 것도 사주실 거야.'

여기까지는 칭찬에 대한 고래의 반응과 다르지 않다. 나의 칭찬으로 상대방의 마음과 행동을 변화시키므로 조종은 조종이지만, 결과가 긍정적이기 때문에 자녀에게나 부모에게나 좋은 상황을 만든다.

그런데 여기서 한 가지 놓치는 부분이 있다. 성적이 좋을 때는 막 칭찬을 해주다가 성적이 나쁘면 크게 혼내거나 벌을 주면 자녀는 어떤 생각이 들까?

아이는 좋은 성적을 받았을 때 받았던 지금까지의 칭찬이 부모의 조종이라고 생각할 수 있다. 자신의 존재가 아니라 자신의 성과를 기준으로 자신을 보고 있는 부모의 시각을 깨닫게 된다. 그럴 때 자녀는 조금씩 반항심을 갖게 될 수 있다.

그래서 성적을 좋게 받든지 나쁘게 받든지 한결같이 자녀를 격려하고 사랑하는 태도가 바람직하다. 성적을 잘 받았을 때는 "그래, 잘했어. 시험 보느라 애썼어. 사랑한다"라고 말해주고, 성적이 나쁠 때는 "이번에는 성적이 좋지 않네. 그래도 시험 보느라 고생했어. 더 열심히 해 보자. 사랑해"라고 말해주는 것이다.

그러면 자녀는 자신이 성적 때문에 사랑받는다는 생각을 하지 않게 된다. 상황이나 결과에 상관없이 늘 사랑받고 있다는 마음에 자존감이 커지게 된다.

물론 바람직하지 않은 행동을 보면 바로 잡아주는 것이 옳다. 그렇다고 조종이 느껴지는 말을 하면 그 누구도 말을 듣기는커녕 저항이나 반항을 할 가능성이 높다. 조종하는 뉘앙스를 풍기지 않으면서 상대방의 행동을 수정하는 방법이 있다. 우선 상대방을 그대로 인정하는 따뜻한 마음이 필요하다. '나는 옳고, 너는 틀리다', '나는 높고, 너는 낮다', '나는 강하고, 너는 약하다'라는 식의 마음가짐을 갖고 있다면 항상 다른 사람에게 조종하려는 말을 할 것이다.

직장 동료가 사사건건 내 일에 참견을 한다고 하자. 나는 참견으로 느껴지지만 그 동료는 나를 도와주려는 호의일 수 있다. 그럴 때 더 이상 참견하지 못하도록 "참견하지 마세요!", "당신 일이나 신경 쓰시죠!"라고 말하면 당연히 관계만 틀어질 뿐이다. 그 동료가 처음에는 호의적으로 참견을 했다고 하더라도, 기분이 나빠지면 악의적으로 참견할 수도 있다.

문제는 그 상황에서 '너-메시지'로 자신의 생각을 전달하기 때문이다. '너-메시지'란, 당신은 틀렸고 나는 옳으니 내가 시키는 대로 하라는 것을 말한다. '너-메시지'의 말을 듣는 사람은 일단 무시당하고 공격받는 것처럼 느껴진다. 그러면 당연히 기분이 상하고, 더 이상 관계를 맺으려고 하지 않을 것이다. 나아가 더 강하게 저항하고 복수의 화살을 쏘려고 할 것이다.

이때는 말의 화살을 상대방에게 돌리지 말고, 거꾸로 내게 방향을 돌려 말하는 것이 좋다. 이것이 바로 '나-메시지'의 형식으로 말하는 것이다. 상대방의 행동과 상황, 그리고 그 행동과 상황이 만드는 결과나 영향에 대해 알려주면서 자신의 느낌을 표현하는 방식이다.

"제 일에 신경을 쓰시니 도리어 제 일에 방해가 되는 것 같아서 힘이 듭니다"라고 말하면 상대방의 행동을 조종하거나 고치려는 것이 아니라 내가 힘이 든다는 사실을 솔직하게 표현하는 것이다. 그 말을 들은 상대방은 '저 사람이 나 때문에 힘들구나. 그러지 말아야겠다'라고 생각하게 된다.

가정에서도 마찬가지다. 예를 들어 다 큰 아이가 방을 엉망으로 만들어 놓았다고 해 보자. 아마 많은 부모가 이렇게 말할 것이다. "너 이게 뭐하는 거야? 도대체 네 나이가 몇 살이야? 빨리 정리하지 못해?" 이 말을 들은 자녀 입장에서는 자신이 잘못했음에도 자신을 야단치고 조종하려고 하는 것 같아서 저항감이 생기게 된다. '너-메시지'를 쓰고 있기 때문이다.

이럴 때 '나-메시지'가 효과가 있다. "네가 이렇게 방을 어지럽히니 내가 치우느라 너무 힘들어"라고 말해보자. 그러면 자녀는 '내 행동으로 힘이 든다고 하시는구나. 내가 그러지 말아야지'라는 생각을 하게 된다.

'너-메시지'는 상대방의 행동에 초점을 맞춰서 그 행동을 지적하고 고치게 하려는 목적이 있다. 반대로, '나-메시지'는 상대방의 행동과 상황을 있는 그대로 말해주면서 그 결과와 그 결과에 대한 자신의 감정을 말해주는 목적이 있다. 그 어디에도 조종하려는 말은 없다. 그러함에도 사람의 마음을 움직이는 힘이 있다.

상대방의 행동을 바로잡으려고 할 때는 조종하는 말을 해서 상대방의 감정이 상하게 하지 않도록 주의해야 한다. 조종하는 말은 오히려 설득력도 약하고, 관계에 좋지 않은 영향을 미친다. '너-메시지'의 말은 너는 모르기 때문에 내 말대로 행동하라는 것이다.

반면 '나-메시지'는 주로 상대방의 행동에 대한 내 생각이나 감정을 표현하는 것이다. 상대방에 대한 믿음과 신뢰를 바탕으로 하는 말이며, 상대방에게 도와달라는 부탁의 의미가 있다. 즉, 상대방을 인정하고 상대방에 대한 배려와 긍정적인 사고가 담겨 있기 때문에 따뜻한 관계를 맺는 데 아주 좋은 방법이라 할 수 있다.

만약 말투 하나라도 상대방에 대한 배려와 존중이 있었다면 우리 사회에서 일어나고 있는 만성적인 수많은 사회적 문제들이 이렇게 심각할 정도로 깊어지지 않았을지도 모른다. 그러나 말보다 더 중요한 것은 상대를 향한 진심어린 배려와 존중이다.

'나–메시지'는 상대방의 행동과
상황을 있는 그대로 말해주면서 그 결과와
그 결과에 대한 자신의 감정을 말해주는 목적이 있다.
그 어디에도 조종하려는 말은 없다.
그러함에도 사람의 마음을 움직이는 힘이 있다.
상대방의 행동을 바로잡으려고 할 때는
조종하는 말을 해서 상대방의 감정이
상하게 하지 않도록 주의해야 한다.
조종하는 말은 오히려 설득력도 약하고,
관계에 좋지 않은 영향을 미친다.

KEY
POINT

상대의 반대 의견에
감정을 개입해 공격하면
자신에게 손해로 돌아온다

독일의 고등학교에서 선생님과 학부모가 함께 하는 회의에 참석한 적이 있다. 회의가 시작되자 열띤 토론이 시작되었다. 한국에서도 학부모회의에 참석해 본 적이 있는 나는 사뭇 다른 분위기를 경험했다. 토론은 매우 치열하게 진행되었다. 누군가 상대방의 의견에 대한 반대 발언을 할 때는 자신이 왜 그렇게 생각하는지에 대해 설득력 있게 표현하기는 했지만 그 내용은 상당히 신랄했고, 듣는 상대방은 기분이 상당히 나쁠 수 있겠다는 생각이 들었다. 하지만 그들은 화를 내거나 기분 나쁜 표정을 짓거나 하는 법이 없었다. 자신들의 감정을 최대한 개입시키지 않았다.

그것은 선생님의 수업진행과 학교 정책에 대해서 이야기할 때도 마찬가지였다. 상당히 뼈 있는 지적과 반대도 서슴지 않고 표현했다. 선생님과 학부모의 관계였기에 그렇게 치열한 토론 후에 과연 그들의 관계가 감정적으로 문제가 없을까 하는 염려까지 들었다. 그러나 내 생각과 다르게 회의가 끝나자 서로 얼굴을 붉히는 상황까지 갔던 당사자들끼리도 서로 환한 표정으로 이야기를 나누었다. 물론 서로에 대해 순간적으로 좋지 않은 감정을 느꼈을 수 있다. 하지만 상대방의 의견을 존중하고, 자신의 의견도 존중 받는 분위기에서는 그것이 그리 큰 문제가 되지 않는 듯했다.

좋은 말을 들었을 때는 누구나 기분이 좋다. 아울러 그런 말을 해준 사람에 대해 좋은 이미지를 갖는다. 하지만 좋지 않은 말, 기분을 상하게 하는 말을 들었을 때는 어떤가? 대부분 그 즉시 복수의 화살을 쏘고 싶어진다. 그때부터 날카로운 말의 전쟁이 시작된다.

인간관계에서 복수의 화살을 쏘면 그것은 부메랑이 되어 결국 자신에게 꽂히게 된다. 무심코 상대방을 향해 던진 공격의 한마디가 돌고 돌아서 자기 자신을 공격하는 것이다. 너도 죽고 나도 죽는 결과로 이어져 양쪽 모두 패자가 된다.

또 그 자리에서는 참지만 복수의 기회를 엿보는 사람들도 있다. '두고 보자. 내가 가만히 두지 않겠어. 반드시 그대로 돌려주겠어' 라고 화살을 준비한다. 이런 자세는 복수의 화살을 쏘는 경우보다 자기 자신에게 더 많은 피해를 준다. 계속 좋지 않은 생각과 느낌을 갖고 있는 바람에 자신의 몸과 마음만 상하기 때문이다.

독일의 한 대학교에서 세미나를 한 적이 있다. 두세 명씩 자신의 주제에 대한 발표를 하고 거기에 대한 토론을 했는데 한 학생의 발표 내용에 대해 학생들이 토론을 하는 모습을 보고 있으면 너무나 치열해서 '과연 이 학생들이 수업 후에 서로 얼굴을 제대로 마주할 수 있을까?' 라는 생각이 들었다.

내가 발표를 할 때도 마찬가지로 다른 학생들과 열띤 토론을 했다. 부족했던 부분과 수정되어야 할 부분에 대해 신랄한 지적을 받으면 얼굴이 붉어지기도 하고, 기분이 상하기도 했다. 하지만 수업이 끝나면 모두가 아무 일도 없었던 것처럼 웃으면서 인사를 하고 강의실을 떠났다. 마음속으로는 기분이 언짢은 부분이 없지 않았을 것이다. 하지만 최소한 그 자리에서 감정적으로 반박을 한다거나 화를 내거나 얼굴을 붉히는 등의 행동은 누구도 하지 않았다.

독일에서 선생님과 학부모 사이에 격의 없는 토론 문화가 가능했던 것은 갑을 관계가 존재하지 않고 누구나 평등해 자신의 의사를 당당히 밝힐 수 있다는 기본적인 문화가 형성되어 있기 때문일 것이다. 우리의 토론 문화에서는 자신의 견해를 솔직하고 당당하게 밝히기가 쉽지 않다. 학부모가 선생님에게 그렇게 신랄한 지적을 했다가는 자신의 자녀가 선생님 눈밖에 날까봐 두려움이 앞서기 때문이다.

또 직장 내에서 상사의 의견에 대해 반대 의견을 냈다가 불이익을 당할까봐 두려워서 부하직원들이 자신의 의견을 제대로 표현하지 못하는 것을 어렵지 않게 볼 수 있다. 그래서 부하직원의 의견을 존중하고 심도 있는 토론을 이끄는 상사는 존경을 받는다. 실제로 그런 상사가 많지 않기에 인격적으로 성숙한 사람으로 인정받기 때문이다.

회의 중에 누군가 내 의견에 반대를 하는데 그 말투가 다분히 공격적이라면 어떤 기분이 드는가? 일단 자존심이 상하고 기분이 매우 나쁠 것이다. 그래서 그 자리에서 상대방의 의견을 되받아치거나 마음속에 담아두었다가 이후에 복수할 기회를 엿볼지 모른다.

만약 복수하고 싶은 마음이 고개를 든다면 심호흡을 하고 한 번만 복수의 화살을 내려놓도록 하자. 내 의견에 반대하는 이유는 나를 공격하려는 것이 아니라 다른 견해를 말하려는 것으로 이해하자. 그 사람의 반대 의견을 존중하는 마음을 갖자. 당신의 의견을 계속 관철시키고 싶다면 옳은 이유를 객관적이고 구체적으로 표현하면서 자신의 의견에 대한 확신의 태도를 보이는 것이 좋다.

이때 표정과 신체적인 표현에 주의해야 한다. 대부분의 사람은 반대 의견을 접하면 얼굴 표정이 바뀐다. 공격당하고 있다고 느껴서 그 공격에 저항하려고 표정이 굳어지는 것이다. 그러면서 팔짱을 끼거나 다리를 꼬는 등의 폐쇄적인 자세를 취한다. 그 역시 상대방의 공격을 막으려는 심리적 표현이다.

반대 의견을 접할 때 눈을 감아버린다거나 고개를 좌우로 흔들거나 비웃는 듯한 표정을 짓는 행동은 하지 말아야 한다. 감정을 표현하는 그런 행동을 통해서 상대방과 주변 사람들은 당신의 흔들리는 감정을 알게 된다. 그런 행동을 하는 사람에게는 누구든 동조하지 않는다. 또한 회의에서 그런 사람의 의견이 잘 받아들여지지 않을 가능성이 높다. 그런 표현과 자세를 취할수록 스스로의 기분도 나빠지게 되는 악순환에 빠진다. 가급적 온화한 표정을 짓거나 최대한 표정을 감추는 포커페이스가 바람직하다. 자신의 감정을 속이라는 말이 아니라 사회성을 발휘하라는 의미다.

이때는 차라리 상대방을 향해 몸을 가까이 하고, 상대방의 의견을 더 잘 듣는 듯 행동하면서 따뜻하게 바라보면 효과적이다. 비웃음처럼 느껴지지 않도록 주의하면서 미소를 띠어도 좋다. 그러한 태도는 우선 자신의 마음을 긍정적으로 만들어주고, 여유로운 마음을 갖게 한다. 부정적인 태도를 취하고 있을 때보다 상대방의 의견을 이해하려는 마음이 생기고, 자신의 의견을 좀 더 제대로 정리할 수 있게 된다. 그런 모습은 주변 사람들에게는 좋은 이미지를 심어줄 수 있다.

상대방이 나에게 "나는 당신이 제안한 방법에 절대 동의할 수 없습니다"라고 했다고 하자. 그 말에 마음이 상해서 상대방의 방법에 반대하는 것이 아니면서도 "저도 당신의 방법엔 동의할 수 없습니다"라고 맞받아치면 그 대화는 점점 걷잡을 수 없는 갈등으로 이어지면서 결국 감정싸움이 되고 말 것이다. 만약 이런 상황으로 치달았다면 어떻게 하는 것이 좋을까?

사소한 것에도 서로 민감하게 반응하게 되므로 이때는 꼭 필요한 말이나 행동만 하면서 일을 신속하게 처리하고 빨리 매듭을 짓는 것이 좋다. 일단 그 상황의 자리에서 멀어지는 것이 상책이다. 그래야 서로 생각할 여유를 찾고, 관계 개선을 위한 해결방안도 나오게 된다. 관계 개선을 위해 후일을 도모하는 편이 좋다.

상대방에게도 또 나 자신에게도 아무런 이익이 없고 손해만 되는 복수의 화살을 쏘고 싶은 유혹을 이기기 위해서 어떻게 하면 좋을까?

자기감정을 잘 통제하고, 사람에 대한 이해가 필요하다. 누구나 자신의 생각과 의견이 있고, 그 의견을 관철시키려는 욕구가 있다. 또한 생존을 위해 자신을 방어하려는 심리가 있고, 방어의 목적으로 먼저 공격하는 경우도 있다. 그러한 사람의 생존 본능을 이해한다면 좀 더 넓게 바라볼 수 있는 여유를 갖게 된다.

회의 중에 누군가
내 의견에 반대를 하는데 그 말투가 다분히
공격적이라면 복수하고 싶은 마음이 들겠지만
복수의 화살을 내려놓도록 하자.
인간관계에서 복수의 화살을 쏘면
그것은 부메랑이 되어 결국 자신에게 꽂히게 된다.
이때는 표정과 신체적인 표현에 주의해야 한다.
가급적 감정을 드러내지 않고 온화한 표정을 짓거나
최대한 표정을 감추는 포커페이스가 바람직하다.
그리고 자신의 의견이 옳은 이유를 객관적이고
구체적으로 표현하면서 자신의 의견에 대한
확신의 태도를 보이는 것이 좋다.

KEY
POINT

재촉하고
다그치는 말을
좋아하는 사람은 없다

한국에서는 초등학교 교실에 컴퓨터가 들어와서 학생들이 이미 자연스럽게 컴퓨터를 접한 지 수년이 흐른 뒤에도 독일의 학교에서는 수업에 컴퓨터를 활용하지 않았다. 그들은 교육과정에 컴퓨터를 넣는 것에 대한 장점과 단점에 대해 끊임없이 토론을 했다. 컴퓨터가 미치게 될 영향과 그 결과에 대해 숙고를 한 후 드디어 컴퓨터를 설치하기로 하고도 수년 동안 시험단계를 거쳤다. 그들은 모든 일에서 전후좌우를 꼼꼼히 따지고 갑론을박 긴 토론을 거친 후에 심사숙고해서 결정한다. 그리고 그 과정에서 드러날 수 있는 문제들을 짚어보고 어떻게 대처해야 할지에 대해서도 토론하고 보완해나간다.

건물도 빨리 짓는 법이 없다. 내가 독일에 살면서 세 들어 살던

집은 지은 지 40년이 넘었다. 그런데 집주인은 자신들은 여전히 집을 짓고 있는 중이라고 했다. 그럼에도 빨리 완성하고자 하는 마음이 없었다. 40년 전에 짓기 시작했는데, 짓다 보니 새로운 기술과 새로운 재료가 등장하고, 자신들의 건축에 대한 생각도 바뀌었다고 설명했다. 또 집 짓는 노하우도 갖게 되어 완성도를 계속해서 높여나가는 것이라고 말했다.

유럽을 관광하다 보면 놀라는 것 중의 하나가 바로 건축물들이다. 수백 년 전에 지어진 건물들이 여전히 견고하고 매우 아름다워 시선을 빼앗는다. 집 하나 짓는데도 40년이 넘도록 공을 들이는 모습을 보면 수백 년이 지난 건물들이 지금도 건재하고 손색이 없는 이유를 충분히 알 수 있다. 현재 짓고 있는 건축물들도 최소한 100년 이상을 내다보고 짓는다.

반면 우리나라 문화 특성 중의 하나는 스피드다. 부지런하게 일하고, 빠른 시일 내에 그 결과물을 만드는 것이 하나의 능력으로 인정받는다. 물론 우리는 '빨리빨리' 문화로 세계가 놀라워하는 경제 성장을 이루었다. 우리 민족의 부지런함과 열정이 이루어낸 성과다.

똑같은 조건이라면 느린 것보다 빨리 하는 것이 좋을 듯하지만 길게 보면 '빨리빨리' 문화가 가져오는 부작용도 적지 않다. 빨리 하면서 품질까지 완벽하기란 결코 쉽지 않기 때문이다. 그리고

'빨리빨리' 문화는 나아가 사람들의 정서에 좋지 않은 영향을 미치고 사회적으로도 많은 문제들을 양산하고 있는 것이 현실이다.

식당에서 음식을 주문할 때 자주 등장하는 말이 있다. "빨리 나오죠?", "빨리 주세요!"와 같은 말을 우리는 일상적으로 하고 또 듣고 산다. 그리고 배달주문을 했을 때도 금방 오지 않으면 바로 전화를 해서 "언제 와요?", "빨리 보내주세요", "출발했나요?"라고 독촉을 한다.

유럽에서는 빨리하라는 재촉의 문화가 없다. 표를 사거나 물건을 살 때 길게 줄을 늘어서도 재촉하지 않고 조용히 차례가 올 때까지 기다린다. 식당에서도 음식이 나오기를 기다리면서 그 시간을 즐긴다.

요즘 우리 사회에 '슬로우' 열풍이 불고 있는 이유는 빨리빨리 문화에 지치고 상처받은 심리를 단적으로 보여주는 것이다.

우리의 '빨리빨리' 문화는 인간관계를 맺는 측면에서도 도움이 되지 않을 뿐 아니라, 오히려 관계를 해친다. 급한 마음은 표정이나 말로 표현되게 마련이고, 급하게 다그치거나 행동하는 사람은 사람들 사이에서 별로 환영받지 못한다. 때때로 정말로 급한 경우가 있기는 하지만 습관적으로 또 성격적으로 급한 경우 인간관계에 좋지 않은 영향을 미치게 된다.

전화예절에서도 조급증을 보이는 사람이 많다. 상대가 통화중

이거나 전화 받을 상황이 아니라는 것을 알면서도 계속 통화를 시도하는 사람이 있다. 동일 번호로 '부재중 전화' 내역이 여러 번 찍혀 있는 것을 보면 상대는 압박감을 느끼게 된다. 그렇게 압박감을 느끼는 의사소통은 좋은 결과를 기대하기 어렵다. 부정적인 기분으로 시작하기 때문이다. 상대방이 계속 전화를 받지 않으면 지금 받지 못할 사정이 있을 것으로 생각하고 한참의 시간이 지난 다음 다시 전화하는 것이 바람직하다.

업무상의 메일 등을 통한 의사소통에 자주 등장하는 말이 있다. '될 수 있으면 빠른 시일 내에 답변을 주시기 바랍니다' 라는 문장이다. 외국인에게도 'as soon as possible!' 이라고 한마디 덧붙인다. 외국인들은 그런 재촉을 이해하지 못하는 경우가 많다.

우리의 기준으로 보면 외국인들이 일하는 속도는 너무 느려서 속이 터질 지경일 때도 많다. 하지만 일을 처리하는 방법이 다르고 시간에 대한 개념이 다를 뿐이다. 빨리 해달라고 해서 절대 빨리 해주지 않는다. 도리어 이상하게 생각한다. 일에는 순서와 필요한 시간이 있기 때문이다.

일할 때 늘 재촉하는 사람을 어렵지 않게 보게 된다. "빨리 해달라", "빨리 결정하라"는 말을 달고 산다. 그런 사람은 성격이 급해서 상대방이 다른 일을 하고 있다는 것을 알면서도 자신과 관련된 일부터 해주기를 바라며 재촉을 한다. 그런데 그런 사람은 너무 빨리 결정하는 바람에 자신의 결정을 수시로 뒤집기도 한다. 만약 주위에 그런 사람이 있다면 재촉할 때 "네, 빨리 처리해 드리겠습니다"라는 말로 일단 그 사람의 '빨리빨리' 욕구를 충족해주는 편이 낫다.

자신의 순서가 아닌데도 재촉하거나 다른 사람과 대화를 하고 있는데 끼어들어 해달라는 사람도 있다. 이러한 행동은 우리도 예의가 아니라고 생각하지만, 서양인들은 아주 무례한 행동으로 간주한다. 계속해서 그런 행동을 하는 사람에게는 "잠시만 기다려주세요"라고 단호하게 말하는 것이 좋다. 혹시 의도치 않게 일이 늦어지게 될 경우라면 "이 대화를 마친 후에 그 일을 처리하겠습니다"라고 늦어지는 이유를 중간에 말해주는 것이 좋다. 그래야 더 이상 재촉하지 않는다. 기다리는 시간이 막연하면 견디기 힘들어하지만 본인이 언제까지 기다려야 하는지를 알게 되면 기다릴 수 있는 여유가 생긴다.

빨리해야 한다는 압박감은 건강에도 해롭다. 그런 압박감을 가질 때 카테콜라민이라는 호르몬이 분출된다고 한다. 그 호르몬으로 인해 우리 몸은 빨리 움직이게 되는데 그런 상태가 장시간 지속되면 혈압이 상승하고 흥분 상태가 된다. 그 결과 협심증, 심근경색 등이 발생할 확률이 세 배나 높아진다고 한다.

모든 것에는 제 속도라는 것이 있다. 빨리하라고 재촉하면 그 압박감 때문에 상대의 마음이 닫히고 상대가 제 능력을 발휘할 수 없다. 또 상대는 그런 사람에게 거리를 두게 된다. 그러면 바람직한 의사소통이 이루어질 수 없고 관계도 좋을 수가 없다. 빨리하라고 재촉하는 것보다 상대가 제대로 할 수 있는 분위기를 만들어주거나 기다려주어야 한다. 그것이 바로 관계의 온도를 높이는 따뜻한 마음이다.

빨리하라고 재촉하면
그 입박감 때문에 상대의 마음이 닫히고
상대가 제 능력을 발휘할 수 없다.
또 상대는 그런 사람에게 거리를 두게 된다.
그러면 바람직한 의사소통이 이루어질 수 없고
관계도 좋을 수가 없다.
빨리하라고 재촉하는 것보다
상대가 제대로 할 수 있는
분위기를 만들어주거나 기다려주어야 한다.
그것이 바로 관계의 온도를
높이는 따뜻한 마음이다.

KEY
POINT

제5장

까다로운 상황에서도
따뜻하게 말하는 법

트집에
효과적으로 대응하는
'Yes, But & How'의 기법

한 모임에서 회의 중에 생각하지도 못했던 복병을 만나 분위기가 엉망이 되는 것을 본 적이 있다. 찬반의견이 오가는 회의여서 회의 진행자는 서로 마음 상하지 않으면서도 좋은 결정으로 이끌고자 조심스레 회의를 이끌어갔다. 그런데 평소에 말수가 적고 조용하던 한 사람이 회의가 시작되자 회의 진행과 회의 내용에 대해서 사사건건 트집을 잡기 시작했다. 진행자는 진땀을 흘리며 그 사람의 돌출행동에 대응했지만 그 사람의 트집은 점점 심각해져 큰 소리를 내는 상황까지 이르렀다. 회의 참가자들 중 몇 명이 반대하는 반응을 보이면 그럴수록 트집의 강도가 심해지는 탓에 사람들은 더 이상 대응할 엄두를 내지 못했다. 자신은 의견을 내는 거라고 생각한 그 트집이 받아들여지지 않자 그는 급기야 화를 내며 회의

장을 박차고 나가버렸다. 그 후 회의장의 분위기는 엉망이 되고 말 았다.

여러 사람이 모이면 그중 반대를 잘 하는 사람을 볼 수 있다. 모두가 수긍하고 인정하는 내용임에도 뭔가 꼬투리를 잡아서 반대를 하는 것이다. 그런 예리함이 올바른 방법으로 사용한다면 분명 긍정적인 결과를 낼 수 있다. 그런 사람은 보통 다른 사람들이 미처 생각하지도 못한 기발한 발상을 하는 경우가 많다. 그런데 그것을 표현하는 데 있어서 조심하지 않으면 남들의 오해를 불러일으킬 수 있다.

트집을 잡는 사람들은 '나는 당신과는 달라', '나는 당신보다 더 나은 사람이야' 라는 자기과시의 심리가 깔려 있다. 어떤 일이나 상황에 대해 트집을 잡는 행동은 자신을 다른 사람들보다 더 나은 존재로 보이려는 하나의 수단이다. 실제로 자신이 아주 똑똑하다고 생각하며 그렇게 인정받고 싶어 한다.

하지만 그런 사람의 내면을 더 깊이 들여다보면 열등감이 자리 잡고 있는 경우가 많다. 자신도 알지 못할 정도로 깊숙이 숨어 있는 그 열등감을 숨기기 위해서 자신을 더욱 부각시키려고 하는 것이다. 열등감이 있는 사람은 다른 사람의 의견이나 말을 그대로 따르는 것은 자존심이 상한다고 생각한다. 그래서 반대를 위한 반대를 함으로써 자신을 강하고 큰 존재로 드러내고자 한다. 물론 트집의 내용이 옳고 정당할 때도 있을 것이다. 다만 표현이 부족할 뿐일 경우도 있다. 그러나 그 표현의 부족으로 인해서 사람들에게 좋지 않은 인상을 주게 된다. 트집은 부드럽고 따뜻하게 표현할 수 없기 때문이다.

트집을 잡는 사람은 대체적으로 부정적인 시각을 갖고 있다. "그건 말이 안 돼", "그건 옳지 않아", "그것은 무조건 틀렸어"라고 긍정적인 점은 뒤로 제쳐놓고 부정적인 점만 부각시켜서 드러낸다. 사람들은 그런 부정적인 사람과는 되도록 함께 있고 싶어 하지 않지만 현실은 그런 사람이 늘 주변에 존재하기 마련이다. 그래서 그런 사람을 만나면 피하려 하기보다 슬기롭게 대처하는 편이 낫다.

트집만 잡는 사람의 문제는 주변 사람들도 부정적으로 물들게 하는 것이다. 그렇게 되면 될 일도 되지 않는다. 누군가 획기적인 의견을 내도 한 사람이 계속 트집을 잡으면 그 의견을 추진하기 어려운 분위기가 조성된다. 특히 트집을 잡는 사람이 목소리가 크고 영향력이 크면 클수록 좋은 의견이라도 그냥 사장되는 분위기로 흐른다.

트집을 잡는 행동은 사실 파워게임을 선언하는 것과 같다. 자신을 과시해서 상대방을 꺾어버리겠다는 의도가 숨겨져 있다. 상대방의 말이나 행동을 자신의 트집으로 꺾어서 자신이 갖고 있는 힘의 크기를 증명하려고 하는 것이다. 특히 조직을 이끌고 싶은데 그렇지 못하면 어떻게든 트집을 잡아서 상대방을 누르려고 하는 사람들이 있다.

우리가 몸담고 있는 가정과 직장, 기업이나 국가는 어느 곳이나 파워게임이 존재한다. 그 구성원인 개인도 그 게임에서 자유로울 수 없다. 특히 직장 내에서는 파워게임이 큰 영향력을 미친다. 파워가 있어야 자신의 의견을 관철시킬 수 있고, 자신의 자리를 지킬 수 있으며, 조직에서 살아남을 수 있다. 만약 그 파워를 존중하지 않고 인정하지 않으면 순식간에 그 조직에서 밀려나게 된다. 트집을 잡는 사람은 그 트집을 통해 파워게임을 치열하게 치르고 있는 것이다. 그러나 그로 인해 사회생활에서 가장 중요한 인간관계가 틀어질 수 있으며 자신도 트집 잡기의 희생자가 될 수 있다는 점을 간과하고 있는 것이다.

만약 직장에서 안건을 제안할 때마다 사사건건 트집을 잡는 사람 때문에 힘들다면 어떻게 하면 좋을까?

회의 전에 미리 내 안건에 동의하는 사람들의 협조를 구해 응원군을 만들어놓는 것이 좋다. 그런 다음 회의에서 또 트집을 잡으려고 하면 사전에 동의해준 사람들의 도움을 받아 발언의 힘을 키운다. 여러 사람의 작은 힘이 모이면 트집 잡는 한 사람의 힘보다 강할 수 있기 때문이다.

일단 누군가 내 의견에 트집을 잡으면 감정이 상하고 화가 나기 마련이다. 그런 감정에 휘말리지 않도록 주의해야 한다. 화를 내면 무조건 지게 된다는 것을 염두에 두자. 또 화는 내면 낼수록 더 화가 나게 된다. 기분이 상하지 않도록 노력하고, 평소 자신의 표정을 유지하면서 자세가 흔들리지 않도록 한다. 그 사람의 트집이 합당한 것인지 정확하게 판단하고, 정당하지 못한 트집이라면 당당하고 단호하게 반감을 표현하는 것이 바람직하다. 이때 절대로 화를 내거나 얼굴을 찡그리지 않으면서 매너 있는 태도로 대응할 필요가 있다.

'Yes, But & How'의 기법을 활용하면 도움이 된다. 먼저 'Yes'의 단계에서는 "네, 그렇게 생각할 수도 있겠군요"와 같이 어느 정도 호응해주는 반응을 보인다. "그렇지 않습니다", "그것은 아니라고 생각합니다" 등의 말로 바로 부정을 하면 상대방은 자존심이 상해 더 트집을 잡을 수 있다.

그다음으로 'But'의 단계에서 자신의 의견을 제시한다. "그런데 저는 이렇게 생각합니다", "제 생각에는 이러한 것이 좋다고 생각합니다"와 같이 상대방의 의견에 직접적으로 반대하지 않고 자신의 생각을 피력한다. 이는 생각을 말하는 것이기 때문에 상대방의 입장에서는 자존심이 상하거나 기분 나쁠 일은 아니다. 그러면서도 상대방은 반대에 대한 마음의 준비를 하고 있는 상태가 된다.

마음의 준비도 없이 반대 의견에 부딪히는 것보다 준비가 어느 정도 되어 있는 상태에서는 받아들이기가 더 용이하다.

마지막 'How' 단계에서는 트집을 잡는 사람과 나 사이에서 합의점을 찾아본다. 자존심이 무너지게 하는 것보다 자존심을 살려주는 편으로 합의를 유도하는 것이다. "당신의 의견은 이렇고, 제 의견은 이렇습니다. 어떻게 하는 것이 가장 좋은 방법일까요?"라고 함께 생각해보자고 제안한다. 그러면 서로의 자존심을 지켜주면서도 그 상황을 마무리할 수 있는 방법을 찾게 될 가능성이 높다.

사회생활을 하다 보면 정말 까다로운 사람, 예상치도 못했던 난감한 상황, 해결하기 결코 쉽지 않은 일들을 수없이 만나게 된다. 가장 중요한 것은 그 상황에서 어떻게 대처하느냐다. 트집을 잡는 사람과 함께 해야 하는 까다로운 상황에서도 상대방에게 말려들지 않고 침착한 표정과 태도를 유지하는 사람, 전체를 위해 그 상황의 피해를 최소한도로 줄이려고 노력하는 사람, 트집을 잡는 사람에 대해서도 그 심리를 이해하고 자존심을 건드리지 않으려 하는 사람은 주변 사람들에게 좋은 이미지를 심어주고 큰 신뢰를 얻게 마련이다.

누군가 내 말에 괜한 트집을 잡을 때는
'Yes, But & How'의 기법을 활용하면 도움이 된다.
먼저 'Yes'의 단계에서는
"네, 그렇게 생각할 수도 있겠군요"와 같이
어느 정도 호응해주는 반응을 보인다.
그다음으로 'But'의 단계에서
자신의 의견을 제시한다.
마지막 'How' 단계에서는 트집을 잡는 사람과
나 사이에서 합의점을 찾아본다.

KEY
POINT

거부감 들지 않게
조언하는 법

독일 유학 중에 크고 작은 논문을 쓸 때면 늘 한계에 도달해서 더 이상 어떻게 해야 할지 모를 때가 있었다. 그럴 때면 담당 교수님께 면담을 신청하고 대화를 나누었다. 면담을 하는 것은 결코 마음에 내키는 일은 아니었다. 일단 내가 쓸 논문에 대해 충분히 설명을 해야 하고, 그에 대한 개요를 보여주어야 하기 때문이다. 그리고 주제에 대한 토론 준비도 어느 정도 해야 하고, 나의 문제와 그 해결 방안까지 준비가 되어 있어야 한다. 그것도 독일어로 준비해야 하기 때문에 신경이 많이 쓰이고 시간을 많이 들여야 하는 일이었다.

보통 교수님은 나의 말을 끝까지 잘 들어주시고, 섣불리 조언을 하지 않으셨다. 어떻게 하면 좋다고 생각하는지, 그 문제를 풀 방도가 무엇이라고 생각하는지 등에 대한 질문을 하실 뿐이었다. 그 질문에 답하기 위해 나는 생각을 더 깊이 하게 되고 스스로 답을 찾아냈다. 정말로 나에게 조언을 해주고 싶으실 때는 "내가 생각하기에는……"이라는 말을 꼭 넣어서 말씀하시거나 이러이러한 방법은 어떻게 생각하냐고 물어보셨다. 교수님과의 면담을 마치고 나와서 잠시 생각을 하다 보면 내가 어떻게 해야 할지에 대한 해답이 항상 떠올랐다. 그리고 그 해답은 결과적으로 늘 옳았다.

삶에서 조언은 필요하다. 그것을 통해서 많은 시간을 들여 돌아가야 할 일을 곧바로 해결할 수도 있고, 어려움 없이 문제를 풀 수도 있으며, 더 폭넓게 사물을 바라볼 수 있는 시각도 가질 수 있는 등 많은 이점이 있다. 그 조언을 기초로 쌓아나가면 모든 것을 처음부터 겪고 이루어나가는 것보다 훨씬 유리하다. 나는 그 분야에 대한 지식이 부족해서 문제 앞에서 쩔쩔맸지만 해박한 지식을 갖고 계신 교수님은 어떻게 하면 좋을지에 대한 답을 알고 계셨다. 그런 사람의 조언을 받으면 문제는 쉽게 해결되는 것이다.

하지만 조언을 할 때 조심해야 할 점이 있다. 조언은 섬세하게 해야 한다는 것이다. 아무리 귀한 보석도 꾸깃꾸깃한 신문지에 싸서 주면 그 보석의 가치를 알아보지 못하고 싸구려로 오해받아 버려질 수 있다. 조언도 마찬가지다. 아무리 좋은 조언이라도 그 조언을 받아들일 수 있도록 올바른 방법으로 전달하지 않으면 무가

치한 것이 되고 만다.

상대방을 위하는 일이라는 생각에 조언을 하게 되는 경우가 있다. 보통은 그것에 대해 감사를 표할 것이다. 하지만 그 조언에 대해 진심으로 감사하지 않을 수도 있다. 관계나 상황에 따라서 속으로 비아냥거리며 별로 달갑지 않게 여길 수 있다. '자기나 잘하시지!', '본인은 왜 아직 그 모양인데?'라고 오히려 비웃을 수 있다는 말이다.

조언이나 충고를 해주고 싶을 때 먼저 생각해야 할 점은 바로 조언과 충고를 좋아하는 사람이 없다는 사실이다. 그래서 꼭 해야 할 경우에는 표현을 잘 해야 한다.

첫째는 될 수 있으면 상대방에게 먼저 조언하지 않는 것이 좋다. 상대방이 찾지 못하고 있는 답을 내가 알고 있을 때 '이렇게 하면 될 텐데……', '저 상황에서 저 사람에게는 이것이 가장 좋은 방법인데!'라고 안타까운 생각이 든다. 그냥 답을 말해주면 분명 효과가 있을 것 같다는 생각이 들더라도 상대방이 "어떻게 하면 좋을까요?"라고 묻지 않는 한 섣불리 조언을 하지 않는 편이 낫다. 사람은 들을 준비가 되어 있지 않은 상태에서 조언이나 충고를 듣게 되면 감정부터 상하게 되고 저항감만 생긴다.

둘째로 생각해야 할 점은 나의 기준으로 보아 옳은 답이라고 해도 상대방에게는 반드시 옳은 답이 아닐 수 있다는 것이다. 사람은 각자 처한 상황과 입장이 다르고 살아가는 방식이 다르기 때문이다. 내게 적용된다고 해서 상대방에게도 적용된다고 할 수 없기에 그렇게 하라고 강요하는 것은 오만한 태도라 할 수 있다. 딸에게 하는 충고와 며느리에게 하는 충고가 다를 수 있듯이 각자의 상황은 천차만별로 다르다. 그래서 상대방의 상황을 제대로 모르고 자기 기준으로 판단하면 역효과만 발생할 수 있다. 조언을 하려면 상대방의 입장과 마음을 먼저 잘 헤아려 보아야 한다.

셋째로 정답을 바로 알려주는 것보다 상대방이 스스로 자신의 문제를 해결하고 답을 찾도록 유도하는 것이 좋다. 모든 사람에게 가장 적절한 답은 그 사람 자신이 갖고 있기 때문이다. 그래서 가장 바람직한 조언의 역할은 스스로 답을 찾을 수 있도록 도와주는 것이다. 그렇게 하기 위해서는 질문이 가장 효과적이다.

"당신은 어떻게 하는 것이 좋다고 생각하세요?"와 같은 '어떻게' 라는 질문을 받을 때 사람들은 자신의 내면으로 들어가서 스스로 답을 찾기 시작한다. 질문에는 '왜' 라는 질문도 있다. 좀 더 긍정적인 해답을 찾기 위해서는 '왜' 라는 질문보다 '어떻게' 라는 질문이 더 바람직하다. '왜' 라는 질문을 하면 과거에 잘못된 점에 집중하게 된다. 하지만 '어떻게' 라는 질문을 하면 지금 자신의 내면에서 그 답을 찾기 시작한다. "왜 이렇게 했어요?"보다 "어떻게 하면 그 점을 고칠 수 있을까요?"라고 질문을 하는 것이다.

또 닫힌 질문보다는 열린 질문이 좋다. "여행을 좋아하세요?"라고 닫힌 질문으로 물으면 "네" 또는 "아니오"로만 답할 수밖에 없다. 그런데 "어떤 여행을 좋아하세요?"라고 열린 질문으로 물으면 여러 가지를 떠올리게 되고, 그중에서 대답을 선택하게 된다. 한 가지 답만 나오게 하는 닫힌 질문보다 여러 가지 답이 나오게 하는 열린 질문으로 접근하는 것이 생각의 폭을 넓어지게 하는 방법이다.

또한 과거지향적인 질문보다 미래지향적인 질문이 효과적이다. "어떻게 해서 실패하게 되었나요?"라는 질문은 과거의 실패를 집중적으로 생각하게 만드는 질문이다. 이와 다르게 "이제 앞으로 어떻게 하실 건가요?"라는 질문은 지금의 실패를 딛고 일어나서 다시 재기할 방법에 대한 희망적인 생각을 하게 만드는 질문이다. 과거지향적인 질문은 과거에 생각의 초점을 맞추지만 미래지향적인 질문은 미래에 생각의 초점을 맞추게 된다. 조언은 과거의 어떤 곳으로 향하게 하려는 것이 아니라 미래의 좀 더 나은 그 무엇을 찾게 하기 위한 것이다. 미래지향적인 질문을 하면 자신이 미래에 어떻게 할 것인가에 대해 폭넓게 생각할 수 있게 된다.

넷째로 직접적으로 조언하게 되면 사람들은 자존심에 상처를 받게 된다. 그러므로 비유법이나 사례를 활용하는 것이 좋다. 예를 들어, 나이를 먹어 자신에게는 미래가 없다고 한탄하는 사람이 있다고 하자. 그런 사람에게는 나이가 들어도 언제든 새로 시작할 수 있다는 생각이 들게 하는 비유법이나 사례를 사용하는 것이다. 시험에 계속 떨어져서 절망하고 있는 사람에게는 십전 팔기의 사례를 들어 이야기해주는 것이다. 그 사례와 비유를 통해서 스스로 깨닫게 하는 것이 조언으로 자존심을 상하게 하지 않도록 하는 방법이다. 대중에게 강연하는 사람들은 사례를 들어서 간접적으로 말하는 경우가 많은데 직접적인 조언보다 훨씬 효과가 크기 때문이다.

다섯째로 조언을 한다고 해서 사람들이 그 조언을 다 받아들이는 것은 아니라는 사실을 염두에 두어야 한다. 상대방에게 조언을 할 때는 그 조언을 받아들이리라는 기대감을 갖게 된다. 만약 상대방이 내가 생각한 만큼 나의 조언을 받아들이지 않을 때 마음이 상할 수 있다. 또한 상대방이 나에게 조언을 구했다고 해서 상대방이 그 조언을 꼭 따를 필요는 없다는 점을 염두에 두고 조언을 한 이후 상대방의 행동에 대해 관심을 갖지 말아야 한다. 나의 조언은 상대방의 결정이나 판단에 있어서 고려할 하나의 사항일 뿐이고, 결정은 상대방의 몫이다.

공자는 다음과 같이 말씀하셨다.

"부모를 섬길 때 과실이 있거든 겉으로 드러나지 않게 조용히 말씀을 드린다. 말씀 드린 것을 부모님께서 따르지 않으셔도 공경

하고, 그 뜻을 어기지 말아야 한다. 계속 온화하게 말씀을 드려야 해서 수고스럽다고 해도 원망해서는 안 된다."

조언을 해야 할 때는 하는 것이 맞다. 상대방에게 필요한 것이 무엇인지 알고 있으면서 가만히 있는 것은 옳지 않다. 그러나 어떻게 조언을 하느냐가 중요하다. 항상 상대방의 입장과 상황을 생각하면서 최선의 예의를 지키는 자세를 잊지 말아야 한다.

가장 바람직한 조언의 역할은
스스로 답을 찾을 수 있도록 도와주는 것이다.
"당신은 어떻게 하는 것이 좋다고 생각하세요?"와 같은
'어떻게' 라는 질문을 받을 때 사람들은
자신의 내면으로 들어가서 스스로 답을 찾기 시작한다.
질문에는 '왜' 라는 질문도 있다.
좀 더 긍정적인 해답을 찾기 위해서는 '왜' 라는
질문보다 '어떻게' 라는 질문이 더 바람직하다.
'왜' 라는 질문을 하면 과거에
잘못된 점에 집중하게 된다.

KEY
POINT

남의 실수에는
지적하지 말고
제안형으로 말하기

미국의 사무용품 회사 오피스디포의 최고 경영자 스티브 오들랜드는 젊은 시절 프랑스 식당에서 웨이터로 일한 적이 있었다. 그는 음식을 나르던 중 한 귀부인의 하얀색 옷에 음식을 쏟는 실수를 저질렀다. 그것도 자줏빛의 셔벗이었다. 하얀색 옷이 자줏빛으로 엉망이 된 것을 본 순간 그는 '이제 난 죽었구나!'라고 생각하며 귀부인을 쳐다보았다. 그런데 당황하는 그를 향해 귀부인은 아무 일도 없었다는 듯 온화하게 바라보면서 "괜찮아요. 당신 실수가 아닌걸요"라고 말했다.

스티브는 귀부인의 말을 듣는 순간 마치 꿈을 꾸는 것 같았고 지금까지도 그 순간을 잊지 못한다고 한다. 그리고 자신에게 보여주었던 귀부인의 관대함을 마음에 담고, 회사 경영에서 하나의 좋은 교훈으로 삼게 되었다고 한다.

고급 음식을 먹는 자리라면 예의를 갖추어 의상을 잘 차려입었을 것이다. 거기에 자줏빛 셔벗을 쏟았다면 웬만한 사람 같으면 그 순간 얼굴 표정이 변하고, 벌떡 일어나서 옷을 털든지 화장실로 달려갔을 것이다. 그뿐만 아니라 야단을 치고, 화를 내고, 책임자를 불러오라면서 배상을 운운하는 등 심각한 상황까지 갔을 수 있다.

그러나 큰 실수임에도 관대하게 또 부드럽게 대한 귀부인의 행동은 옷은 엉망이 되었을망정 그녀의 이미지는 상승하는 결과를 가져왔다. 어차피 옷이 엉망이 된 것은 이미 발생한 일이고 돌이킬 수 없는 일이다. 그럴 때 그 피해를 최대한 줄이는 것이 좋다. 기분이 상하고 옷이 엉망이 되었다고 해서 화를 버럭 내고 배상을 운운하면 상황만 더욱 악화되고 자신의 이미지만 실추될 뿐이다.

만약 회사임원이 신입직원에게 그런 실수를 했다면 어땠을까? 아마도 신입직원은 감히 화를 내거나 따지지 못할 것이다. 또 그 반대라면 어떻게 되었을까? 신입직원은 앞으로의 회사생활에서 불이익을 당할지도 모를 일이다.

자신에게 이익이 되거나 자신보다 힘이 센 사람에게는 관대하고 친절하게 대하고 그렇지 않은 사람에게는 함부로 대하는 사람, 상대방의 사회적 위치에 따라 태도를 달리하는 사람을 보면서 우리는 그 사람의 인간성을 꿰뚫어보게 된다. 그러한 사람에게는 신뢰가 가지 않는다. 언제든지 입장과 상황이 달라지면 나에게 그렇게 대할 가능성이 높기 때문이다.

실수를 저지른 사람을 대할 때 가능하면 모르는 척, 못 본 척하는 것이 좋다. 예를 들어 함께 있다가 누군가 컵을 떨어뜨려 주스를 쏟았다면 최소한의 행동으로 그 사람을 도와주는 것이 좋다. 크게 놀란다거나 잘잘못을 따진다거나 야단을 친다거나 혹은 도와준다면서 분주하게 왔다 갔다 하는 행동은 오히려 분위기를 어수선하게 만들 뿐이다. "여기 보세요. 이 사람이 컵을 떨어뜨려 주스를 쏟아버리는 실수를 했답니다. 그리고 나는 그 사람을 도와주고 있답니다!"라고 큰 소리로 외치고 있는 것이나 마찬가지다.

그 어떤 작은 실수도 될 수 있으면 감추고 싶은 것이 사람의 심리다. 그렇기 때문에 자신의 실수를 들춰내는 사람을 좋아하지 않고 신뢰하지도 않는다. 도와준다는 명목이라 할지라도 자신의 실수를 드러내면 마찬가지다. 누군가 주스를 쏟았다면 최소한의 움직임으로 휴지를 건네주거나 종업원에게 조용히 도움을 청하는 선에서 마무리하는 것이 좋다.

회의에 늦은 사람이 있다고 하자. 회의 중간에 문이 열리고 누군가 들어오는 소리가 들리면 보통은 문이 있는 쪽을 바라보게 된다. 그 행동은 '당신 늦었군!'이라고 말하는 것과 같다. 한 사람이 눈에 띄게 고개를 돌리면, 다른 사람도 고개를 돌려 그 방향을 바라보게 된다. 그 행동은 마치 '보세요. 저 사람이 지각을 했답니다' 라고 모두에게 알려주는 것과 같다. 그럴 때는 문이 열리는 소리가 들리더라도 그쪽으로 바라보지 않고, 아무 일도 없었다는 듯 하던 일을 계속하는 것이 배려다.

만약 늦게 온 사람과 눈이 마주쳤다면 이해한다는 표정을 지어 그 사람을 안심시켜주고, 자리에 앉으라는 눈짓 인사 정도만 하면 된다. 그 사람의 지각에 대해 공개적으로 드러내는 행동을 하지 말아야 한다. 실수한 사람은 자신의 실수를 알고 있다. 그럴 때 그 사람에게 안도감과 용기를 주고, 다른 사람에게는 한 사람의 실수를 공공연히 드러내지 않는 따뜻한 마음을 가질 때 사람들의 마음까지 사게 될 것이다.

실수를 습관처럼 반복하면서도 정작 자신은 실수를 의식하지 못하는 사람이 있다. 그런 사람에게는 어떤 방식으로든 그 실수나 잘못에 대해 알려주는 것이 좋다. 그런데 만약 부모가 자식에게 야단치는 것처럼 "당신은 왜 항상 그 모양입니까! 좀 잘 할 수 없어요?", "양심이 있으면 이제는 좀 고칠 때도 되지 않았어요?"라고 말하면 상대방의 반감만 사고 적을 만들 수 있다.

또한 직장에서 실수한 사람에게 "당신은 정말 왜 그런거야!", "그렇게 머리가 안 돌아가!", "학교에선 뭘 배운 거야!"라고 말하면 어떤가? 비난을 들은 사람은 실수를 반성하고 다시는 실수를 하지 않기는커녕 '누구나 실수를 할 수 있는데 왜 저런 식으로 말하는 거지? 자기는 실수를 안 하는지 내가 한번 지켜보자'라고 앙심을 품고 상대를 미워하게 된다. 이런 말은 전혀 도움이 되지 않는다. 감정적으로 대하기 때문에 상대방도 감정적으로 반응하게 되는 것이다.

다른 사람의 실수나 잘못을 알려주고 고치게 하고 싶다면 되도록 개인적 감정이 개입되지 않도록 마음을 가라앉힌 다음에 하는 것이 바람직하다. 불평하는 말을 하기보다 제안하는 말을 하는 것이 좋다.

날씨가 추운 날 한 직원이 말도 없이 창문을 열었다고 하자. 추위를 많이 타는 사람이라면 짜증을 내면서 "왜 이렇게 추워?", "누가 창문을 열어 놨지?"라고 말할 수 있다. 그러면 창문을 연 사람은 무안하고 감정이 상하게 된다. 자신을 비난하는 말이 되기 때문이다. "창문 닫아요!"와 같은 명령형으로 말하는 것도 감정을 상하게 한다. 감정이 상하므로 부정적인 저항의 반응을 보일 수도 있다.

이때는 명령형을 쓰는 대신에 제안형의 말을 하면 감정을 상하게 하지 않으면서도 내 뜻을 전달할 수 있는 효과가 있다. 이렇게 말해보는 것이다. "안이 추워졌는데 창문을 닫으면 어떨까요?"

만약 조직 내에 항상 지각하는 사람이 있다면 조직의 규칙을 지키지 않는 행동에 대해 지적을 해서 고치도록 하는 것이 맞다. 하지만 "당신은 왜 매일 늦게 오죠?", "매일 늦는 것을 보니 회사를 그만 다닐 작정인가 보죠?"라며 따지거나 비아냥거리는 말투는 상대방의 감정만 상하게 한다. 이때는 "좀 더 일찍 제 시간에 출근했으면 합니다", "요즘 자주 지각하는데 혹시 무슨 문제가 있나요?" 등 지각의 원인을 스스로 생각하게 하고 해결할 방도를 고민하도록 제안하는 말을 건네 보자.

남이 아닌 자신이 실수를 했다면 어떻게 하는 것이 좋을까?

최소한의 행동으로 그 실수를 마무리하는 것이 좋다. 큰 소리로 법석을 떨지 말고 가깝게 있는 사람들에게 들릴 정도의 작은 소리로 자신의 실수에 대해 사과하는 것이다. 사과를 했다면 그 실수에 대해 다른 사람에게 낱낱이 말하지 않아도 된다. 오히려 일만 커지거나 분위기가 어수선해질 뿐이다. 그 실수의 상황을 될 수 있으면 조용하고 빠르게 정리하는 것이 서로에게 유익하다.

그래서 상황을 빨리 정리하고 진행하는 일이 있으면 마무리하는 것이 현명하다. 두고두고 사과를 하거나 계속해서 거기에 대해 말하지 않는 것이 좋다. 자신의 실수에 대해 너무 드러내고 계속 사과하면 사람들은 그 실수를 확대 해석할 수 있다. 그러면 실수의 피해가 필요 이상 커지게 된다.

다른 사람의 실수나 잘못을 알려주고
고치게 하고 싶다면 되도록 개인적 감정이
개입되지 않도록 마음을 가라앉힌 다음에
하는 것이 바람직하다.
명령이나 불평하는 말을 하기보다
제안하는 말을 하는 것이 좋다.
명령형을 쓰는 대신에 제안형의 말을 하면
감정을 상하게 하지 않으면서도 내 뜻을
전달할 수 있는 효과가 있다.

KEY
POINT

반감을
허무는 기술

우리 삶은 관계의 연속이고, 아무리 피로 맺어진 가족관계라 해도 이해관계가 얽히게 마련이다. 하물며 사회에서 만나는 관계는 더욱 그러하고, 정치세계에서는 말할 나위도 없다. 이해관계가 얽히게 되면 꼭 찬반이 갈리게 마련이다. 그 찬성과 반대는 그 자체로 그치지 않는다. 찬성과 반대의 과정에서 꼭 감정싸움으로 번지게 되고, 그 감정의 골은 점점 깊어지게 된다. 급기야 이해관계라기보다 감정적인 다툼이 앞서게 되면 걷잡을 수 없는 다툼으로 번지게 된다. 그리고 내 편이 아닌 사람들에게 반감을 갖게 된다. 그러면 따뜻한 관계는 찾아볼 수 없고, 냉기가 도는 관계가 형성된다.

사회생활에서 수많은 사람들을 접하다 보면 나를 좋아하는 사람도 있지만 반감을 갖는 사람도 생기기 마련이다. 그런데 같은 직장 동료나 같은 모임의 멤버처럼 계속 만나야 하는 관계라면 엄청난 스트레스를 받으며 지내야 한다. 반감이나 스트레스를 그대로 방치하면 점점 신체적, 정신적 건강을 해칠 뿐만 아니라 주변 사람들에게까지 부정적인 영향을 미치게 된다. 직장의 스트레스가 가정에까지 영향을 미칠 수 있는 것과 같다.

개인 대 개인의 불화가 그들이 속한 조직을 갈라놓는 사례가 적지 않다. 서로 반감을 갖고 있다고 여기는 상황에서는 눈만 마주쳐도 노려봤다고 느낄 수 있다. 다른 의견을 제시한 것인데 무조건 반대한다고 여길 수 있다. 반감이라는 안경을 쓰고 행동 하나하나를 보고 판단하는 바람에 사람을 있는 그대로 보지를 못한다. 시간이 갈수록 반감은 더욱 깊어지며 주변에서 자신의 편이 되어줄 사람을 찾게 되고, 자연스럽게 조직 안에 편이 생기고 서로 갈리게 된다.

나에게 반감을 갖고 있는 사람은 내가 어떤 말을 하거나 행동을 해도 일단 부정적이고, 공격적으로 대하게 된다. 내 의견의 옳고 그름을 떠나서 늘 다른 의견을 내거나 반대를 한다. 그런 사람의 태도는 결코 친절하지도 따뜻하지도 않다. 말은 퉁명스럽고, 태도는 위협적이다. 나의 말이나 행동에 대해 객관적인 판단을 하지 않는다. 이미 반감이 그런 판단을 할 여유를 주지 않는 것이다. 그리고 기회만 되면 꼬투리를 잡으려 한다. 거기에 대해 반응을 보이면 상대는 '이때다!' 하고 반감을 드러내고, 작은 불씨에 불이 붙게 된다.

반감을 가진 사람의 행동에 기름을 붓는 행동을 하는 것을 조심해야 한다. 그것은 상대방의 반감에 똑같이 반응하는 것이고, 똑같은 사람이 되는 것이다. 보통 상대방이 화를 내면 나도 똑같이 화를 내고 싶고, 상대방이 반대 의견을 내면 나도 똑같이 반대 의견을 내고 싶어진다. 그렇다고 상대방의 반감을 누그러뜨리기 위해서 우러나지도 않는 사과를 하고, 저자세를 취하는 등의 행동은 도움이 되지 않는다. 그 사람의 반감이 정당화될 수 있기 때문이다.

상대방이 나에게 반감을 가지고 대한다는 것이 분명해질 때 상대방의 반감의 불씨에 불이 붙지 않고, 저절로 꺼질 수 있는 시간과 상황을 만드는 것이 좋다. 상대방이 반감으로 나에게 화가 나 있을 때 상대방을 똑바로 바라보면서 상대방의 화의 불씨가 사그라들 때까지 기다리는 것이 좋다. 화의 불씨는 반응을 보이지 않으면 꺼지게 되어 있다. 반대로 반응을 보이면 불씨에 불이 붙어버릴 가능성이 높다.

'화'는 하나의 에너지이고, 그 에너지는 한번 발화하면 수십 초를 버티지 못하고 사라지게 된다고 한다. 학자들 가운데 화가 나면 화를 더욱더 내서 화가 떠나가게 하라고 주장하는 사람들도 있다. 하지만 그러한 방법은 불타는 화에 기름을 끼얹는 것과 같다. 화는 활활 타는 불로 변해버리고, 그 불로 인해서 자신을 재로 만들어버릴 수 있다. 화가 날 때 그 화가 모양이 있는 에너지덩어리라고 생각하고, 그 화 덩어리가 나를 덮쳤다고 생각해 보자. 그리고 나에게 머문 그 화 덩어리가 나에게서 떠나서 멀리 사라진다고 생각해보자. 그 생각을 하는 수십 초 동안에 정말로 화는 나에게서 멀어지게 될 것이다.

상대방의 화도 가만히 놔두면 어느 정도 불씨가 꺼지고, 상대방의 화가 줄어들고 나에 대한 반감의 표현이 누그러지고 있다고 느껴지는 순간이 온다. 이때가 당신이 나서야 할 타이밍이다. 이때 당당하고 단호한 목소리로 자신의 의견을 말해 보자. 만일 약한 모습을 보이면 상대방은 그 기회를 틈타서 다시 기선을 제압하려고 반감을 드러낼 것이다. 이때 상대방과 눈의 높이를 맞추는 것이 좋다. 상대방이 서 있다면 당신도 서서, 앉아 있다면 당신도 앉아서 대하는 것이 좋다. 물리적인 위치의 높고 낮음은 그만큼 힘이 가해지기 때문이다. 반감은 자신이 더 강하게 보이려고 하는 심리가 깔려 있기 때문에 높은 위치에서 나를 억누를 수 있는 상태를 피하는 것이 좋다.

"악당에게는 용감하게 맞서라. 그러면 그가 네 친구가 될 것이다"라는 미국 속담이 있다. 반감을 갖고 당신을 공격하거나 제압하려는 사람에게는 용감하게 맞서는 것이 좋다. 반감을 가진 사람은 당신과 힘겨루기를 하려고 할 것이다. 그러니 그 힘겨루기에 져서는 안 된다. 그렇지 않으면 계속 그런 반감을 갖고 있을 것이다. 그래서 단호하고 당당하게 맞서야 한다.

말을 할 때는 단호한 눈빛으로 또박또박 당신이 말하고 싶은 내용을 상대방에게 말하자. 어느 누구도 당신의 말에 반박하지 못하도록 미리 철저하게 준비를 해야 한다. 노려보거나 팔짱을 끼는 폐쇄적인 자세, 손가락으로 상대방을 가리키는 공격적인 행동은 하지 말아야 한다. 대신 개방적인 자세와 긍정적인 태도를 보이자. 상대방에게 말려들지 않고, 당신이 상대방을 받아들이고 상대방을 이끌 준비를 하는 것이다. 열린 태도는 상대방의 닫힌 마음을 여는 데 효과가 있다.

반감을 가진 사람은 철저하게 나와의 사이에 벽을 만들어 놓는다. 그 사람과 관계를 개선해야 한다면 그 벽을 허물어야 한다. 그러나 한꺼번에 그 벽을 허물려고 한다면 상대방은 한걸음 물러나서 더 강력하고 높은 벽을 쌓게 될 것이다. 조금씩 벽을 허무는 노력이 필요하다. 마치 물방울이 떨어져서 바위를 뚫는 것처럼 말이다.

상대방이 나에게 반감을 갖게 된 원인을 알게 되면 해결의 실마리를 찾을 수 있다. 어쩌면 그 반감의 이유가 아주 사소한 것일 수 있다. 그것은 오해에서 온 것일 수도 있다. 그렇다고 반감을 가진 사람에게 그 이유를 물으면 반감은 더 큰 부정적 감정으로 이어질 수 있다. 다른 사람은 변화시킬 수 없어도 나 자신은 스스로를 변화시킬 수 있으므로 그 원인을 우선 나에게서 찾아보도록 하자. 먼저 그 사람을 대하는 나의 태도를 점검해 보자. 나도 모르는 습관이 상대방에게 거부반응을 일으켜서 반감을 갖게 했을 수도 있다.

어떤 사람이 자신에게 손가락으로 찌르듯 얘기를 했다고 해서 두고두고 그 사람에 대해서 부정적인 얘기를 하고 다니는 사람을 본 적이 있다. 하나의 작은 행동이지만 그로 인해서 마음이 상했기 때문에 그런 행동을 한 그 사람 자체를 싫어하는 것이다. 그 사람은 아무런 감정이 없이 한 습관적인 행동이었을지도 모르지만 상대는 굉장히 부정적으로 받아들일 수 있다. 혹 나에게도 그런 습관이 있을 수 있으므로 자신을 한번 점검해 볼 필요가 있다.

눈을 찡그리는 습관이 있다고 해 보자. 그 습관을 알지 못하는 상대방은 내가 자신을 마음에 들어 하지 않는다고 여길 수 있다. 또 팔짱을 끼거나 시선을 마주치지 않고 말하는 습관이 있다면 상대방은 내가 자신을 싫어한다고 생각할 수 있다. 손가락으로 상대를 가리키면서 말하는 습관이 있다면 상대방은 자신에게 지시하려는 태도로 여기고 나에게 좋지 않은 느낌을 가질 수 있는 것이다.

나 자신의 부정적인 습관이나 자세는 반드시 고치는 것이 좋다. 상대방에게 나쁜 오해를 줄 수 있는 표정이나 시선 처리, 자세나 말투와 같은 것이다. 자칫 너무나 사소한 것이라 여겼던 작은 행동의 변화만으로 사람들과의 관계를 개선할 수 있으며, 그런 작은 행동을 수정하는 것만으로 사람 사이의 벽을 허무는 결과를 가져올 수도 있다.

반대로 상대방의 습관이 된 행동이 의도치 않게 나에게 좋지 않는 감정을 심어줄 수 있다는 점도 생각하고, 상대방을 이해하려는 마음을 갖는 것도 따뜻한 마음을 가진 사람의 자세다.

나 자신의 부정적인 습관이나 자세는
반드시 고치는 것이 좋다.
상대방에게 나쁜 오해를 줄 수 있는 표정이나
시선 처리, 자세나 말투와 같은 것이다.
자칫 너무나 사소한 것이라 여겼던
작은 행동의 변화만으로
사람들과의 관계를 개선할 수 있으며,
그런 작은 행동을 수정하는 것만으로
사람 사이의 벽을 허무는 결과를
가져올 수도 있다.

KEY
POINT

관계가
틀어지지 않는
거절의 기술

A는 퇴근을 하려고 마지막 정리를 한 후 컴퓨터를 끄면서 아이를 보고 계신 어머니에게 전화를 걸어 곧 출발한다고 알렸다. 빨리 가서 아이를 데리고 저녁에 해외여행을 떠나시는 어머니를 공항까지 모셔다 드려야 하는 상황이다. A가 막 자리에서 일어서려는 순간 팀장이 황급히 다가와서는 부탁을 한다. "퇴근하세요? 이 자료를 한 시간 내로 부장님께 드려야 해요. 꼭 부탁해요." 그 순간 A는 정신이 아찔해지며 마음속에 심한 갈등이 생긴다. '어떻게 해야 하지? 팀장의 부탁도 들어주어야 할 것 같고, 빨리 퇴근도 해야 하는데!'

B는 오랜만에 동창생한테서 걸려온 전화를 받고 반가운 마음에 여러 가지 대화를 나누었다. 옛날 학창시절 이야기를 나누며 웃기

도 하고, 가족과 친구의 근황을 주고받으며 편안한 대화를 나누었다. 빠른 시일 내에 만나서 그간의 회포를 풀자는 이야기를 하는데 갑자기 동창이 말했다. "사실은 나 일을 하고 있는데, 너무 좋은 일이어서 너 생각이 났어. 너도 함께 하면 좋을 거 같아. 우리 만나기도 할 겸 내가 일하는 사무실로 오면 어떠니?" 그 일의 내용을 가만히 들어보니 다단계판매업이었다. 그 순간 거절은 해야겠는데 친구가 실망할 것 같아서 말은 못하고 난감하기만 하다.

　C는 얼마 전 취미모임에 신입회원으로 참석을 하게 되었다. 회장은 리더십이 강했고, 기존 회원들은 서로 친밀한 관계로 회장의 말을 잘 따르는 듯했다. 회장은 그날 다 같이 여행을 가면 어떻겠냐고 하면서 여행계를 시작하자고 제안했다. 얼마를 어떻게 내느냐에 대한 의견이 분분했고 결국 다수결로 결정이 났다. C는 처음부터 여행계를 하는 것이 별로 마음에 내키지 않았지만 새로 참석을 해서 그냥 잠자코 있었다. 그런데 아무 말도 하지 않고 있던 사이에 결론이 나버렸다. 계를 하다가 깨져서 큰 손해를 본 경험이 있어 다시는 어떤 계도 들지 않겠다고 다짐을 했던 터였다. 거절을 하고 싶은데 뭐라고 말을 해야 할지, 거절을 할 경우 이 취미모임에 더 이상 나올 수 있을지 자신이 없다.

　거절하고 싶지만 거절하지 못한 경험은 누구에게나 있을 것이다. 거절을 하면 지금까지의 관계에 금이 갈 것 같고, 남을 도와주지 않는 이기적인 사람으로 보일 것 같아 몹시 신경이 쓰이게 된다. 그래서 '어쩔 수 없어서', '마음이 약해서', '차마 거절할 수 없어서' 등의 이유로 부탁을 들어줄 수 있는 상황이 아님에도 들어주는 바람에 뒤돌아서서 후회를 하게 된다.

자신이 거절을 잘 하지 못하는 성격이라면 우선 거절에 대한 생각을 바꾸어야 한다. 거절을 당하면 기분이 나쁘고, 자신이 상대로부터 거부당했다고 여길 수 있다. 하지만 부탁을 거절했다고 해서 그 사람 자체를 전부 거절하는 것은 아니다. 내가 부탁하는 입장에서도 마찬가지다. 상대방이 나의 부탁을 거절했다고 해서 나 자체를 거절한 것은 아니다. 거절은 단지 그 부탁에 대한 거절일 뿐 사람에 대한 거절은 아니라는 말이다. 그러나 부탁을 거절하면 그것을 확대 해석해서 자신을 무시했다고 생각해 감정이 상하고 급기야 관계가 금이 가는 경우를 어렵지 않게 볼 수 있다.

사회생활을 하다 보면 거절해야 하는 상황이 종종 발생한다. 그런데 상대방이 상처받을까 봐 거절을 제대로 하지 못하고 두루뭉실하게 답하는 경우가 많다. 특히 윗사람이 부탁할 때는 거절하기가 쉽지 않은 것이 사실이다. 그래서 "네, 생각해보겠습니다"처럼 거절도 승낙도 아닌 애매한 대답을 하게 된다. 사실 이런 대답은 부탁을 받는 쪽에서는 '큰 기대는 하지 않았으면 좋겠다'는 거절의 의미를 돌려서 말하는 경우가 많다. 하지만 부탁을 하며 무언가를 간절히 원하는 편에서는 그런 대답도 긍정적으로 해석한다. 지푸라기라도 잡고 싶은 심정이기 때문이다. 이런 생각의 차이로 인해서 "생각해 본다고 하지 않았느냐?", "그때 그렇게 말하지 않았나?"라고 상대의 오해를 살 수 있다.

부탁을 받고서 어떻게 해야 할지 모르겠다면 즉시 답하지 말고 상대방에게 시간을 달라고 하는 편이 좋다. 만약에 돈을 빌려 달라고 했다면 "○○와 상의를 해보겠다", "은행계좌의 잔액을 확인해 보겠다" 등의 이유를 들어서 부탁에 대해 어떤 결정을 내려야 할지 고민할 시간을 벌도록 한다. 아직 승낙이나 결정을 하지 않았기 때문에 상대방은 승낙했을 때와 거절했을 때의 상황을 같이 고려하며 답을 기다리게 될 것이다.

또한 언제까지 최종 답변을 주겠다는 말을 하는 것이 좋다. 그렇게 하면 상대가 답을 언제 들을지 몰라서 안절부절못하거나 재차 답을 달라고 요구하지 않을 수 있다. 만약 거절하기로 결정했다면 상대방이 명확하게 알아들을 수 있게 의사를 전달해야 한다. 상대방의 마음을 상하지 않게 하면서 거절하는 나를 부정적으로 보지 않게 해서 관계에 영향이 최소한이 되도록 주의를 해야 한다.

상대방의 부탁을 듣자마자 "못합니다!"라고 매몰차게 곧바로 거절하면 상대방은 매우 큰 상처를 받게 된다. 그렇게 되면 관계는 확실히 틀어지게 되고 나에 대한 이미지도 좋을 리 없다.

먼저 상대방이 하는 부탁의 말을 잘 들어야 한다. 거절도 하나의 설득이라 할 수 있다. 설득하기 위해서는 상대방의 말을 잘 들어줘야 한다. 그렇게 하기 위해서는 상대방에게 "그런 상황이군요", "정말 힘드시겠어요"와 같은 말로 공감하고 있음을 표현해 보자. 상대방이 자신의 말을 충분히 들어줬다고 생각하게 되면 나중에 거절을 해도 수긍할 가능성이 높아진다.

거절의 이유도 상대방이 납득할 만한 것이 효과적이므로 거절할 수밖에 없는 상황에 대한 충분한 설명이 필요하다. "그날은 급한 일이 있어서 부탁을 들어주기 힘드네요"라고 말하기보다 "하필 그날은 처가에 일이 있어서 부산에 내려가야 합니다"라고 하면 상대방은 부탁을 들어주지 않아도 이해할 가능성이 높아진다.

간혹 부탁하는 상대방이 그 자리에서 답을 달라고 하거나 답을 주어야 하는 경우가 있다. 그럴 때는 일단 거절하는 것이 좋다. 그런 다음 상대방과 헤어지고 나서 곰곰이 따져서 생각을 해 본다. 거절하기로 결정이 나면 그대로 있으면 된다. 이미 거절했기 때문이다. 그런데 부탁을 들어줘도 괜찮겠다는 판단이 들면 상대방에게 "제가 상황을 다시 잘 살펴보니, 부탁을 들어 드릴 수 있을 것 같습니다"라고 연락한다.

거절이 부담스러워 섣불리 'Yes'를 했다가 나중에 'No'를 하는 것보다, 반대로 'No'를 했다가 'Yes'를 하는 편이 훨씬 낫다.

전자의 경우에는 실망이 크지만, 후자의 경우에는 즉시 'Yes'를 들었을 때보다 기쁨과 고마움이 배가된다.

거절에 대한 대안을 찾아주고자 하는 노력은 비록 거절을 하기는 했지만 자신의 부탁을 존중해준다는 인상을 준다. "그날은 시간을 낼 수 없습니다. 다른 날은 어떠신지요?", "그 일은 제가 할 수 있는 부분이 아닙니다. 그 일을 전문으로 하는 사람을 소개해드리면 어떨까요?"와 같이 설령 그 대안이 상대방에게 도움이 되지 못한다고 해도 부탁을 들어주기 위해 최선을 다한 태도에 상대방은 최소한 마음이 상하지 않을 수 있다.

평소 잘 아는 사람의 부탁이라면 들어주어도, 들어주지 않아도 기분이 찜찜하다. 단단히 각오를 하고 거절을 해도 뒤돌아서면 마음이 무겁다. 그 무거운 마음을 덜고자 다시 연락을 해서 그 부탁을 들어주겠다고 하는 경우도 있다. 특히 거절을 잘 하지 못하는 사람이 이런 경우가 많다. 거절도 연습이 필요하다. 거절을 했다면 마음이 몹시 무거워도 번복하지 말자. 무거운 마음에 거절을 번복했다가 후회하는 경우에는 상대에 대한 원망만 남을 수 있다.

부탁을 거절했는데 번복하고 싶은 생각이 간절하다면 그 순간을 참고 하루나 이틀을 견뎌 보자. 그 거절의 상황을 멀리서 시간을 두고 바라보면 자신의 결정에 대해 좀 더 분명한 판단이 서게 될 것이다. '이것은 정말로 들어주어야 할 부탁이다!'라는 판단이

서면 거절을 번복해도 좋다. 그런 생각까지 나지 않는다면 그냥 있는 것이 좋다. 또한 자신이 판단하고 결정한 행동을 자꾸 번복하게 되면 오히려 신뢰할 수 없는 사람이라는 인상만 주게 된다. 스스로도 자신의 행동에 대한 확신이 흐려진다.

거절을 해야 하는데도 거절을 잘 하지 못하는 성격 때문에 늘 피해를 본다면 자신이 확신하는 바를 당당하게 표현하는 연습을 평소에 해 보자. 예를 들어 회사에서 직급이 낮아 여러 상사가 온갖 잡일을 떠넘긴다고 하자. 그러면 "제가 맡은 일을 끝낸 후에 도와드리겠습니다"라고, 태도는 친절하게 말투는 단호하게 말하는 것이 좋다. 애매한 자세를 취해서 일도 제대로 못하고 무능한 이미지를 주는 것보다 자신의 의견을 정확하게 전달하면 상대가 함부로 대하지 못하게 하고 일을 처리할 시간을 확보함으로써 자신을 지키고 나아가 상사와의 관계도 지킬 수 있다.

철학자 쇼펜하우어는 다음과 같은 말을 했다.

"돈을 빌려 달라는 부탁을 거절했을 때 친구를 잃은 적은 적지만, 반대로 돈을 빌려주면 도리어 친구를 잃기 쉽다."

부탁을 하고, 거절을 할 때 가장 중요하게 생각해야 할 것은 그 내용이 아니라 그것을 통해 영향을 받을 관계다. 무조건 부탁을 들어준다고 관계가 좋아지는 것도, 거절한다고 해서 관계가 나빠지는 것도 아니다. 중요한 점은 거절하는 방법과 태도다.

사회생활을 하면서 누군가의 부탁에
거절하는 것은 쉽지 않은 일이다.
그래서 거절을 잘 하는 기술이 필요하다.
부탁을 받고서 어떻게 해야 할지 모르겠다면
즉시 답하지 말고 상대방에게
시간을 달라고 하는 편이 좋다.
거절도 하나의 설득이라 할 수 있다.
또 거절의 이유는 충분하게 설명하라.
그리고 거절에 대한 대안을 찾아주면
상대방은 최소한 마음이
상하지 않을 수 있다.

KEY
POINT

험담이라는
전염병을
차단하는 기술

어느 날 영국에서 많은 사람을 놀라게 한 사건이 발생했다. 학교에서는 모범생이었고, 집에서는 착한 아들이었던 열세 살 소년이 문득 자살한 것이다. 아무리 봐도 자살할 이유가 전혀 없었기에 그 사건은 더욱 충격적이었다. 가족과 주변 사람들은 뒤늦게야 그 소년이 자살한 이유를 그가 쓴 일기를 통해서 알게 되었다. 소년의 가정에 적개심을 품고 있던 한 노인이 헛소문을 퍼뜨리고 다녔는데, 소년의 가족들은 악마의 저주를 받아서 일찍 죽는다는 것이었다. 어린 소년은 죽음의 두려움에 사로잡혔고, 급기야 어머니 곁에서 빨리 죽어버리는 것이 낫겠다는 결정을 하게 되었던 것이다.

그러나 이는 먼 나라의 일만은 아니다. 본인은 별 생각 없이 한 말이나 글이 당사자에게는 날카로운 비수가 되어 큰 상처를 입히는 일이 우리 주변에서도 적지 않게 일어나고 있다. 이로 인해 다툼이 일어나기도 하고, 더 심한 경우에는 소송까지 가기도 한다. 심지어 자살에 이르기도 한다. 악플이나 떠도는 소문으로 괴로워하다 자살하는 연예인들이나 유명인들을 매스컴을 통해 자주 접하곤 한다. 학교와 직장, 내가 살아가는 곳이 그런 험담으로 인해서 지옥으로 변해버리면 그것은 사람을 극단으로까지 몰고갈 수 있다.

험담은 험담한 사람뿐 아니라 모두에게 악영향을 준다. 옛날에 한 신이 화살에 상대방을 죽이고 다시 돌아와서 그 화살을 쏜 당사자도 죽이는 마법을 걸었다고 한다. 그런 다음 그 화살을 많이 만들어서 사람들에게 나눠주었다. 결국 그 화살들은 사람들을 모두 죽인 다음, 신을 향해 날아왔다. 그 신은 자신이 만든 화살을 피하기 위해서 영겁의 세월을 보내야 했다고 한다. '험담'이 바로 그 마법의 화살이다.

유대교의 경전 주석서인 《미드라쉬(midrash)》에 험담에 관한 글이 있다. 험담은 험담을 말하는 사람, 험담을 듣는 사람, 험담의 대상자 이렇게 세 사람을 죽인다는 글이다. 험담을 하면 우선 험담한 자신이 듣게 된다. 그리고 험담을 듣는 사람, 험담의 대상이 되는 사람이 듣는다. 화살의 화살촉은 처음에는 하나지만 상대방을 찌르고 난 후에는 두 개로 갈라진다. 갈라진 두 개의 화살촉은 그 화살이 시작된 곳으로 돌아와서 험담을 한 사람과 들은 사람으로 향하게 되는 것이다.

한 가톨릭 신부가 젊은 과부의 집에 드나든다는 소문이 퍼졌다. 사람들은 신부를 비난하기 시작했고, 모이기만 하면 그에 대한 험담을 했다. 험담은 눈덩이처럼 커져갔고, 있지도 않은 소문까지 퍼졌다. "신부가 한밤중에 젊은 과부 집으로 몰래 들어가는 것을 봤다니까!" "창문으로 들여다봤는데 신부가 젊은 과부의 머리를 쓰다듬더라구! 어찌나 놀랐는지 더 볼 수가 없었어. 뻔하지 않겠어? 에구, 망측해라!"

얼마 후에 젊은 과부가 죽고 나서야 사람들은 신부가 과부의 집에 밤낮없이 드나든 이유를 알게 되었다. 젊은 과부가 암에 걸린 것을 안 신부는 그녀를 위해 기도하고, 돌봐주기 위해서 그 집에 드나들었던 것이었다. 그 후 그동안 신부를 가장 심하게 비난하며 험담을 하고 다녔던 두 여자는 신부에게 용서를 빌었다.

신부는 그 여자들에게 닭 털 한 봉지씩을 주면서 들판에 나가서 바람에 날리고 오라고 했다. 닭 털을 모두 날리고 온 두 여자에게 그는 그것을 다시 주워오라고 했다. 이미 바람에 날아가 사라져버린 닭 털을 다시 주울 길이 없었던 여자들은 어찌할 바를 몰랐다. 그러자 신부가 말했다. "나에게 용서를 구하니 용서해주는 것은 문제가 없습니다. 하지만 한 번 내뱉은 말은 다시 담을 수 없습니다."

험담을 하면 그 순간부터 부정적인 생각에 사로잡히기 때문에 쓸데없이 에너지만 낭비하게 된다. 사실 누군가에 대해 험담을 실컷 하고 돌아서는 발길이 결코 가볍지 않은 것을 한 번쯤 느껴 보았을 것이다.

험담하는 말을 들을 때도 마찬가지다. 부정적인 분위기에 있다 보니 기분이 좋지 않고 피곤해진다. 우리는 험담이 섞인 쓸데없는 수다를 들어야 할 때가 있다. 그럴 때는 차라리 그 자리를 피하거나 다른 대화 주제를 제안하는 것이 좋다. 하지만 가끔 그럴 수 없을 때도 있다. 그런 상황이라면 그 말들이 나의 내면으로 들어오지 않도록 차단하려는 노력도 도움이 된다. 자신의 곁에 보이지 않는 쓰레기통이 하나 있다고 상상하자. 누군가 좋지 않는 말을 하면 들으면서 그 말들이 쓰레기통 속으로 버려진다고 상상하는 것이다. 이것이 어느 정도는 도움이 될 것이다.

또한 우리 자신도 조심해야 한다. 나의 말이 다른 사람이 들으면서 보이지 않는 쓰레기통에 버릴 만한 내용인지를 생각해 보는 습관을 들이자. 나의 말이 쓰레기통에 버릴 말이라면 차라리 침묵하는 편이 낫다. 그 침묵이 쓸데없는 말이나 험담을 하는 것보다 자신의 이미지에 훨씬 도움이 될 뿐 아니라 관계를 위해서도 도움이 된다.

다른 사람에 대해 험담하는 사람은 되도록이면 피하는 편이 좋다. 험담을 듣고 있으면 그 자체로 험담에 가담한 것이 된다. 또한 험담하는 사람도 그 험담을 듣고 있는 당신에 대해 좋은 이미지를 갖지 않는다. 그 자리에 있었다는 소문이 나면 다른 사람들에게 신뢰를 받지 못하게 되는 상황이 발생할 수 있다. 실제로는 험담을 듣고 있었지만 사람들은 험담을 했다고 생각할 수 있기 때문이다.

험담은 험담을 한 사람, 험담을 듣는 사람, 험담의 대상, 이 세 사람의 관계까지 망치게 한다. 사람들은 다른 사람에 대해 말할 때 그 자리에 있지 않은 사람을 칭찬하기보다 험담을 하는 경우가 많다. 만약 그 자리에 없는 사람을 칭찬한다면 듣는 사람은 당신을 긍정적으로 보겠지만 반대로 험담을 하면 듣는 사람은 당신을 경계하게 될 것이다. '내가 없을 때는 나에 대해서도 험담을 하겠구나' 라고 생각하게 되기 때문이다. 그런 생각까지 하게 되면 험담의 대상자가 그 험담에 대해 알게 되는 것은 시간문제일 것이다. 그 관계 역시 나빠지게 되는 것은 당연하다.

험담을 듣게 되면 재빨리 화제를 돌리도록 하자. "그런데 지난번 그 일은 어떻게 되었나요?"라고 말하면서 전혀 다른 주제로 말을 돌리는 것이다. 험담 대상자에 대한 긍정적인 점을 언급해도 효과적이다. "그래요? 지난번에 그 사람이 힘들어 하는 사람을 도와주는 것을 보고는 참 괜찮은 사람이라 생각했어요." 이렇게 하면 사람의 생각은 부정적인 방향으로 기울었다가도 긍정적인 방향으로 돌아서게 된다. 의도적으로 험담을 하는 것이 아니라면 긍정적인 면을 생각하게 될 가능성이 열린다.

남을 험담하는 것에 대해서 침묵으로 무언의 반대를 하는 것도 하나의 방법이다. 누군가에 대해 험담하는 것을 들으면서 고개를 끄덕이는 행동은 동조한다는 것으로 받아들일 수 있다. 그럴 때 아무런 반응 없이 침묵한다면, 험담하는 사람은 그 험담을 받아들이지 않는 것으로 판단하게 된다. 듣는 사람이 아무런 반응을 보이지 않으면 더 이상 험담할 힘이 생기지 않는 법이다.

가장 빠르게 험담을 멈추게 하는 방법은 험담하는 사람에게 자신은 험담이 듣기 싫고 험담하는 일에 끼고 싶지 않다고 분명하게 밝히는 것이다. 그러나 험담하는 사람 앞에서 거부 의사를 밝히기는 쉽지가 않다. 상대방의 마음을 잃을 수 있고, 관계가 나빠지게 될 것이라는 두려움도 있을 수 있다.

만약 상대방이 윗사람이라면 더더욱 그렇다. 회식자리에서 상사가 누군가에 대해 험담을 하고 있는데 그 자리에서 "뒤에서 남 얘기는 그만하셨으면 좋겠습니다"라고 말할 수 있는 사람은 아마 없을 것이다. 이럴 때는 부드럽게, 정중하게 또 말의 도수를 아주 적절하게 하여 자신의 의사를 표현한다면 어떨까? 그래도 상대방의 입장에서는 그 순간 마음이 상할 수는 있다. "내가 말하는데 감히……"라고 말이다. 그러나 결국에는 당신을 신뢰하게 될 가능성이 크다. 특히 주변 사람들은 당신을 신뢰하는 마음이 생기게 될 것이다. 왜냐하면 제3자가 자신에 대해 험담을 하면 당신이 지금 보여준 것처럼 행동할 것이라고 생각하기 때문이다.

프란체스코 교황은 교황이 되고 나서 얼마 후 가진 인터뷰에서 자신의 새해 결심 열 가지를 밝혔다. 그중 첫 번째 결심이 험담하지 않기였다. 교황이라는 중대한 역할을 감당하면서 험담이 모든 관계에 얼마나 치명적인 악영향을 끼치는가를 경험을 통해 절감했기 때문일 것이다.

상대가 나와 모든 면에서 다르고 또 뜻을 달리한다고 해도 그 모든 갈등과 대립 속에서 가장 좋은 길을 찾으려면 우리는 언제나 말을 조심해야 한다. 말은 관계의 시작이기 때문이다.

유대교의 경전 주석서인
《미드라쉬(midrash)》에 험담에 관한 글이 있다.
험담은 험담을 말하는 사람, 험담을 듣는 사람,
험담의 대상자 이렇게 세 사람을 죽인다는 글이다.
험담을 하면 우선 험담한 자신이 듣게 된다.
그리고 험담을 듣는 사람,
험담의 대상이 되는 사람이 듣는다.
그래서 험담은 험담을 한 사람, 험담을 듣는 사람,
험담의 대상, 이 세 사람의 관계까지 망치게 한다.
우리는 언제나 말을 조심해야 한다.
말은 관계의 시작이기 때문이다.

KEY
POINT

상대의 마음을 녹이는 대화법

듣고 싶은 한마디, 따뜻한 말

초판 1쇄 발행 2018년 07월 20일
초판 28쇄 발행 2024년 07월 31일

지은이 정유희
펴낸곳 보아스
펴낸이 이지연
등 록 2014년 11월 24일(No. 제2014-000064호)
주 소 서울시 양천구 목동중앙북로8라길 26, 301호(목동) (우편번호 07950)
전 화 02)2647-3262
팩 스 02)6398-3262
이메일 boasbook@naver.com
블로그 http://blog.naver.com/shumaker21
유튜브 보아스북 TV

ISBN 979-11-89347-00-0 (03190)

ⓒ 정유희, 2018

이 도서의 국립중앙도서관 출판시도서목록(CIP)은 서지정보유통지원시스템홈페이지
(http://seoji. nl. go. kr)와 국가자료공동목록시스템(http://www. nl. go. kr/kolisnet)에서
이용하실 수 있습니다. (CIP제어번호: CIP2018019544)